5

Lih
432

LES SIÈGES DE SOISSONS

1814,

OU

Dissertation sur le récit de la campagne de France,

EN CE QUI CONCERNE LA VILLE DE SOISSONS,

Publié en 1860 dans le tome XVIIe de l'*Histoire du Consulat et de l'Empire*, de M. Thiers,

Par Maxime LAURENDEAU.

(Complément du Tome 1er de la IIe série du Bulletin de la Société archéologique, historique et scientifique de Soissons.)

EN VENTE :

A SOISSONS,	A PARIS,
Chez l'Auteur,	à la Librairie archéologique de
et l'Imprimeur-Editeur, et	VICTOR DIDRON,
chez tous les Libraires de la ville.	rue Hautefeuille, 13.

MDCCCLXVIII.

LES

SIÉGES DE SOISSONS

EN 1814.

SOISSONS, IMPRIMERIE ET LITHOGRAPHIE ED. LALLART

ÉDITEUR DU PROGRÈS DE L'AISNE, RUE DES RATS, 8.

·LES SIÉGES DE SOISSONS

EN 1814,

OU

Dissertation sur le récit de la campagne de France,

EN CE QUI CONCERNE LA VILLE DE SOISSONS,

Publié en 1860 dans le tome XVIIe de l'*Histoire du Consulat et de l'Empire,* de M. Thiers,

Par Maxime LAURENDEAU.

(Complément du Tome 1er de la IIe série du Bulletin de la Société archéologique, historique et scientifique de Soissons.)

EN VENTE :

A SOISSONS,	A PARIS,
Chez l'Auteur, et l'Imprimeur-Editeur, et chez tous les Libraires de la ville.	à la Librairie archéologique de Victor Didron, rue Hautefeuille, 13

MDCCCLXVIII.

LES SIÉGES DE SOISSONS

EN 1814.

PREMIÈRE PARTIE.

Du 19 Janvier 1814 au 19 Février.

Les erreurs et les omissions se glissent si facilement dans les œuvres de l'esprit humain que les hommes les plus éminents et les plus à même d'être bien renseignés n'en sont pas toujours exempts. Le récit de la campagne de France en 1814, publié par un écrivain du premier ordre, m'offre l'occasion de prouver la justesse de cette assertion.

Quatre faits mémorables se sont accomplis à Soissons dans les mois de février et mars 1814 : 1° Le siége et la prise d'assaut de cette ville le 14 février, par l'avant-garde de l'armée du Nord sous le commandement du général (1) Winzintgerode, venant de la Belgique et se dirigeant sur Château-Thierry pour faire sa jonction avec l'armée de Silésie commandée par le maréchal

---

(1) Les écrivains sont en désaccord sur l'orthographe du nom de ce général russe ; mais comme M. Edouard Fleury reproduit dans son histoire *Le Département de l'Aisne en 1814*, des lettres écrites et signées par ce général, je crois devoir suivre l'orthographe qu'il en donne en respectant toutefois, dans les passages que je citerai des autres auteurs, celle adoptée par chacun d'eux.

Blucher. 2° L'attaque de la même ville, le 2 mars, par les généraux Winzintgerode et Bulow placés, l'un sur la rive gauche et l'autre sur la rive droite de l'Aisne ; plan combiné entre eux et Blucher, pour faciliter à celui-ci et à son armée se dirigeant de La Ferté-Milon sur Soissons, le passage de cette rivière ; attaque vigoureusement repoussée par une poignée de braves ; puis arrêtée, le lendemain, par la capitulation du général Moreau, commandant la place. 3° L'attaque du 5 mars par les maréchaux Marmont et Mortier. 4° Enfin le siége de dix jours (du 20 au 31 mars) et l'héroïque défense du commandant Gérard, suivis d'un blocus de quinze jours terminé par un armistice unique dans les fastes militaires.

Voici l'exposé rapide du premier de ces faits connu de tout le monde ; que les historiens de la localité et beaucoup d'autres ont raconté, et dont le *Moniteur universel* du 24 février a rendu compte par l'insertion du rapport sur la situation des armées au 21 février 1814.

L'intention de Winzintgerode en franchissant la frontière était de faire sa jonction avec Blucher. Les projets de celui-ci, après le combat de la Rothière (1er février 1814), et tandis que Schwarsenberg descendait la Seine, était de suivre avec d'York et l'armée de Silésie, les bords de la Marne dans l'espoir de rallier, vers Château-Thierry, Winzintgerode et Bulow s'avançant par le nord sur Paris.

(1) Le 1er février Winzintgerode était à Namur, attendant que les généraux russes Woronzow, Strogonoff et Tzernitscheff, se soient portés de Cologne sur Rethel pour relier leurs opérations à celles des corps prussiens agissant sur la Sarre et la Meuse. Le 4, les

(1) M. Edouard Fleury ; *Le Département de l'Aisne en 1814*; in-8°, 1858, chap. 2, 3 et 4.

premières troupes de Strogonoff occupaient Aubenton ;
le lendemain 150 cosaques d'avant-garde partaient de
cette ville, traversaient rapidement le département de
l'Aisne en passant par Brunehamel et Rosoy et ayant
passé l'Aisne à Neufchâtel, s'emparaient de Reims (1) où
ils arrivèrent le 6 vers quatre heures du soir, et où ils
restèrent près de trois semaines ; établissant ainsi par
une marche de vingt lieues en quelques heures, les
communications entre l'armée du Nord et celle de
Silésie. Celle-ci, opérant sur la rive droite de la Marne,
s'était emparée de Châlons d'où le général prussien
d'Yorck, comptait marcher sur Paris en passant la
Marne à Château-Thierry, et espérait être rejoint dans
les environs de cette dernière ville par Winzintgerode
et Bulow accourant à sa rencontre par Soissons.

Parti le 6 de Namur, Winzintgerode rallia le corps de
Strogonoff le 9 à Avesnes laissé sans défense. Trente
mille russes et quatre-vingts bouches à feu s'arrêtaient
dans cette ville pendant que l'avant-garde commandée
par Czernitscheff continuait sa marche. Le même jour,
les premières patrouilles ennemies apparurent à Chi-
may et à Hirson. Le 10, à midi, la ville de Vervins était
aux mains des ennemis. Cinquante cosaques s'emparaient aussi de Marle sans éprouver plus de résistance.
Le 11, dans l'après-midi vers quatre heures, quelques
cosaques apparurent au pied de la montagne de Laon. Le
12, ils se présentèrent en force (au nombre de 800)
devant cette ville qui leur fut remise après quelques
pourparlers. Le lendemain 13, au matin, ces mêmes
détachements quittèrent Laon pour se diriger sur
Soissons. Le même jour de bon matin, l'infanterie du
général Czernitscheff prit aussi la même direction, sui-

(1) Géruzez ; *Description hist. et statistiq. de la ville de Reims*,
1817, t. 1er, p. 46.

vie bientôt par toute l'armée de Winzintgerode qui traversa Laon dans la journée et ne s'y arrêta que quelques instants.

Le 13, avant l'aurore, les cosaques apparaissaient sur les diverses montagnes qui, au nord, dominent Soissons ; et vers deux heures et demie de l'après-midi l'infanterie russe, partie de Laon le matin, repoussait de Crouy et de la route de Vailly les avant-postes français qu'on y avait envoyés de la ville le matin ; tandis que la cavalerie leur coupait la retraite et les enveloppait. Le 14, vers une heure et un quart de relevée, la ville de Soissons était prise d'assaut.

Cet événement important qui jeta de vives inquiétudes dans les hautes régions gouvernementales et pour lequel Napoléon, dans sa colère, ordonna que les généraux Danloup-Verdun et Berruyer fussent traduits devant un conseil d'enquête, n'est rapporté par l'historien du *Consulat et de l'Empire* qu'en quatre lignes que voici :

(1) « Soissons était une première fois tombée aux « mains des Alliés, par la mort du général Rusca, et « en avait été tirée par le maréchal Mortier, lorsque « celui ci avait été mis à la poursuite des généraux « Sacken et d'York. »

Le célèbre historien ne dit absolument rien du dernier siège de Soissons, ni de l'attaque intempestive des maréchaux Marmont et Mortier. C'est sur le second siége ou plutôt sur la capitulation du 3 mars, qu'il concentre son récit. Il est pénible pour nous, Soissonnais, de voir que, à l'occasion de ce fait et au risque de commettre de regrettables erreurs, ou de faire naître d'injustes préventions, il ait, si j'ose m'exprimer ainsi, déversé le blâme sinon le déshonneur, sur une malheu-

(1) M. Thiers ; *Hist. du Consu. et de l'Emp.*, t. 17, p. 444.

reuse ville victime des désastres de la guerre et sur ses
défenseurs, en rejettant sur elle et sur eux la responsabilité de la chûte du premier Empire.

Voici comment M. Thiers résume, dans sa conclusion
de la campagne de 1814, les événements de février et de
mars :

(1) « L'histoire, on peut le dire, ne présente pas deux
« fois le spectacle extraordinaire qu'il offrit » (Napoléon)
« pendant ces deux mois de février et de mars 1814.
« En effet ses lieutenants assaillis par toutes les fron-
« tières se retirent en désordre, et arrivent à Châlons
« consternés. Il accourt, seul, sans autre renfort que
« lui-même, les rassure, les ranime, rend la confiance à
« ses soldats démoralisés, se précipite au-devant de
« l'invasion à Brienne, à la Rothière, s'y bat dans la
« proportion d'un contre quatre, et même contre cinq,
« étonne l'ennemi par la violence de ses coups, parvient
« à l'arrêter, profite alors de quelques jours de répit,
« conquis à la pointe de l'épée, pour munir de forces
« indispensables la Marne, l'Aube, la Seine, l'Yonne,
« conserve au centre une force suffisante pour courir au
« point le plus menacé, et là, comme le tigre à l'affût,
« attend une chance qu'il a entrevue dans les profon-
« deurs de son génie, c'est que l'ennemi se divise entre
« les rivières qui coulent vers Paris. Cette prévision
« se trouvant justifiée, il court à Blucher séparé de
« Schwarsenberg, l'accable en quatre jours, revient
« ensuite sur Schwarsenberg, séparé de Blucher, le
« met en fuite, le ramène des portes de Paris à celles
« de Troyes, voit alors l'ennemi lui offrir une dernière
« fois la paix, c'est-à-dire la couronne, refuse l'offre
« parce qu'elle ne comprend pas les limites naturelles,
« court de nouveau à Blucher, l'enferme entre la Marne

(1) M. Thiers, *Hist. du Consulat et de l'Empire*, t. 17, p. 884.

« et l'Aisne, va le détruire pour jamais, relever mira-
« culeusement sa fortune, quand Soissons ouvre ses
« portes! » -

Dans ce résumé dont la fin rappelle ce passage de
Vaulabelle : (1) « Blucher se voit perdu. Résolu de
tenter un effort désespéré, il ordonne à tout hasard une
démonstration contre Soissons. Ses colonnes démorali-
sées s'avancent prêtes à rétrograder et à se dissoudre au
premier coup de canon. Chose étrange ! L'artillerie des
remparts reste muette, les ponts-levis s'abaissent ! Les
Prussiens étonnés rentrent une seconde fois dans la
ville : Blucher est sauvé ! » (2). Dans ce résumé, dis-je,
M. Thiers ne tient compte ni de Winzintgerode ni de
Bulow, commandant deux corps de l'armée du Nord. Il
semblerait à l'entendre que c'est devant Blucher, seul,
que Soissons ouvre ses portes ; c'est du reste ce qu'il a
affirmé plus clairement dans un autre passage que
voici :

(3) « Tout à coup Napoléon reçut la nouvelle la plus
« imprévue et la plus désolante. Soissons, qui était la
« clef de l'Aisne, Soissons qu'il avait mis un soin ex-
« trême à pourvoir de moyens de défense suffisants ;
« Soissons venait d'ouvrir ses portes à Blucher, et de
« lui livrer le passage de l'Aisne ! Qui donc avait pu
« changer si soudainement la face des choses, et con-
« vertir en grave péril pour nous, ce que quelques
« heures auparavant était un péril mortel pour l'en-

---

(1) Vaulabelle ; *Hist. des deux Restaurations ;* Paris, 1844, t. 1ᵉʳ,
p. 200.

(2) Soissons, en 1814, n'avait point de ponts-levis ; les Prussiens
n'y entrèrent qu'une seule fois ; c'est le 3 mars, en même temps que
les Russes de Winzintgerode qui, conjointement avec Bulow, en
était devenu maître par la capitulation du général Moreau.

(3) M. Thiers ; *Hist. du Consul. et de l'Emp.,* t. 17, p. 444.

« nemi ? Blucher, en effet, était non-seulement soustrait
« à notre poursuite, et désormais protégé par l'Aisne
« qui de notre ressource devenait notre obstacle, mais
« il avait en même temps rallié Bulow et Wintzinge-
« rode, et atteint une force de 100,000 hommes ! Qui
« donc, nous le répétons, avait pu bouleverser ainsi les
« rôles et les destinées ? Un homme faible, qui, sans
« être ni un traître, ni un lâche, ni même un mauvais
« officier, s'était laissé ébranler par les menaces des
« généraux ennemis, et avait livré Soissons. Voici com-
« ment s'était accompli cet événement, le plus funeste
« de notre histoire, après celui qui devait un peu plus
« tard s'accomplir entre Wavre et Waterloo.:. »

Qu'est-ce donc, demanderai-je à mon tour, qui avait
attiré contre la France la coalition de l'Europe et amené
l'invasion étrangère sur le sol de la patrie ? Pourquoi,
depuis le commencement du siècle, la frontière de Vauban, les villes fortes du Nord avaient-elles été négligées
et laissées sans défenseurs ? M. Thiers, dans le 20ᵉ vo-
lume, livre LXII de son *Histoire du Consulat et de
l'Empire*, auquel je renvoie le lecteur, répond longue-
ment à ces deux questions. Cette réponse, pour la
première question, se résume en quelques mots : La
mauvaise politique et l'ambition de Napoléon ; et pour
la seconde : c'est que l'Empereur préférait la grande
guerre d'invasion, les savantes manœuvres stratégiques,
à la guerre d'investissement, aux combats défensifs de
bicoques qu'il méprisait comme indignes de lui.

(1) « Ces succès prodigieux, » dit M. Thiers, « devaient
« amener les grandes fautes d'Espagne et de Russie...
« Au milieu de pareilles témérités, le plus grand, le
« plus parfait des capitaines devait succomber !... Sans

(1) M. Thiers ; *Hist. du Consulat et de l'Empire*, t. 20, p. 768 et
suivantes.

« doute, Napoléon ne faisait pas la guerre défensive'
« comme la plupart des généraux, en se retirant métho-
« diquement d'une ligne à une autre ; défendant la
« première, puis la seconde, puis la troisième, et n^e
« parvenant ainsi qu'à gagner du temps, ce qui n'est
« pas à dédaigner ; mais ce qui ne suffit pas pour ter-
« miner heureusement une crise : il faisait la guerre
« défensive comme l'offensive ; il étudiait le terrain,
« tâchait d'y prévoir la manière d'agir de l'ennemi, de
« le surprendre en faute et de l'accabler, ce qu'il fit
« contre Blucher et Schwarzenberg en 1814, et ce qui
« eût assuré son salut, si tout n'avait été usé autour de
« lui, hommes et choses. S'il ne fut pas à proprement
« parler l'homme des retraites, c'est qu'il pensait
« comme Frédéric, que la meilleure défensive était
« l'offensive.... et s'il succomba, ce ne fut pas, nous
« le répétons, le militaire qui succomba en lui, ce fut le
« politique qui avait entrepris l'impossible, en voulant
« vaincre l'invincible nature des choses. »

Pourquoi alors assumer la responsabilité de la chûte
du premier Empire sur une ancienne ville dont les remparts les moins vieux dataient de 1553 ; qu'on n'avait
pas jugée digne d'être mise au rang de ces bicoques du
nord fortifiées par Vauban, dont le système ne lui fut
pas appliqué, puisqu'elle fut déclassée sous Louis XIV ;
sur une ville enfin si longtemps méprisée, oubliée même
par Napoléon qui ne se la rappela que quand l'ennemi
avait déjà franchi la frontière, alors qu'il n'était plus en
son pouvoir de se servir utilement de cette clef de
l'Aisne pour fermer aux envahisseurs le chemin de la
capitale restée, elle aussi, sans défense ?

Pourquoi blâmer si sévèrement le chef d'une garnison dont la force numérique, eu égard au vaste périmètre
qu'elle avait à défendre, au nombre si démesuré des

assiégeants et à l'immense supériorité de leurs moyens d'attaque, n'était rien moins que dérisoire ? « Napoléon, « dit M. Thiers, étudiait le terrain, tâchait d'y prévoir la « manière d'agir de l'ennemi, de le surprendre en faute et de l'accabler. » En janvier 1814, Napoléon avait-il étudié la position militaire de la frontière du nord, celle du département de l'Aisne et particulièrement celle de Soissons ? Avait-il prévu la manière dont l'ennemi allait agir sur ces points ? Soissons avait-il été muni de moyens suffisants de défense ? Les 1er et 2 mars, y avait-il surpris l'ennemi en faute ? Et le 3, lors même que la capitulation de Moreau n'eût pas été signée et que la garnison de Soissons se fût défendue jusqu'à extinction, était-il en mesure de l'y accabler ? L'avait-il réellement « enfermé entre la Marne et l'Aisne ? » Telles sont les questions que je vais tâcher de résoudre par l'exposé et l'examen des faits.

Ce serait une grande lâcheté, pour nous Soissonnais, qui avons été témoins oculaires des événements de 1814, de laisser passer sans les discuter des assertions erronées, quelle que soit d'ailleurs l'illustration de la plume qui les a rédigées.

A ce double titre de Soissonnais et de témoin oculaire, pour acquit de conscience, je commence par arrêter au passage celle-ci : « Soissons qui était la clef de l'Aisne, Soissons que Napoléon avait mis un soin extrême à pourvoir de moyens de défense suffisants... » complétée par cette autre insérée dans le bulletin sur la situation des armées au 21 février 1814, publié au *Moniteur* du 24 du même mois : « Soissons est une « place à l'abri d'un coup de main.... Cette ville ne « devait pas être prise. »

L'inexactitude de cette assertion de M. Thiers me frappe d'autant plus qu'il n'ajoute pas, dans le résumé

que je viens de rapporter, l'Aisne, aux quatre rivières :
la Marne, l'Aube, la Seine et l'Yonne, que l'Empereur
aurait, dit-il, munies « de forces indispensables. »
L'Aisne, dont Soissons *était la clef,* n'en avait donc pas
été pourvue.

L'assertion du bulletin inséré au *Moniteur* ne me
paraît pas plus exacte, puisque la ville de Soissons a été
prise d'assaut le 14 février 1814.

Il ne m'est pas plus possible d'accepter ces deux assertions que de me ranger à l'opinion de ceux qui ont
dit : (1)« Avant 1814, Soissons n'avait aucun moyen de
défense, c'était un planimètre sans parapets avec des
murs en ruines écroulés en certains endroits..... des
remparts presque sans bastions... Elle était ouverte de
tous côtés... et rien n'était plus facile que d'escalader
les murs qui offraient des brèches ouvertes de toutes
parts. »

Je conviens qu'avant 1814 les remparts de Soissons,
transformés depuis longtemps en promenades publi-
ques, n'étaient pas alors capables de soutenir un siége ;
que les portions de murailles les plus anciennes (du
xiie siècle) étaient en mauvais état et sans fondations
profondes ; que quelques pans de murs étaient peut-être
écroulés ; qu'en d'autres parties, des immondices jetées
dans les fossés ne donnaient pas, en certains endroits,
aux courtines plus de trois à quatre mètres de hauteur ;
que la partie septentrionale de la ville, couverte par le
contour sinueux de la rivière, entourant la plaine de
Saint-Crépin-en-Chaye, qui en forme une espèce d'im-
passe à l'abri de travaux d'attaque, était restée par cette
raison la plus défectueuse et n'avait point d'autres bas-

---

(1) M. de Bussières, *Bullet. de la Soc. arch. de Soissons,* t. 3,
p. 14. — M. J. B. L. Brayer, *Essais hist. sur Soissons,* m.ss. in-folio
page 202. — MM. Martin et Lacroix ; *Hist. de Soissons.* t. 2, append. p. 50.

tions que celui de l'Evangile et le saillant de Saint-
Pierre-à-la-Saulx ou à la Chaux ; que des maisons
particulières étaient bâties sur le bord des fossés, aux
approches des portes et même adossées à la muraille ;
mais toutes ces défectuosités autorisent-elles à dire que
Soissons n'avait aucun moyen de défense ; que ses
remparts étaient presque sans bastions ? Des quatorze
bastions existants aujourd'hui, il n'y en a que quatre
nouveaux. Celui de St-Remy, reconstruit presque entièrement en 1818 existait en 1814. Le saillant de Saint-
Pierre-à-la-Saux, sans être un bastion comme aujourd'hui
pouvait, avec son cavalier, en tenir lieu. Soissons, à
cette époque, était donc entouré de dix bastions compris
les trois du faubourg Saint-Vaast, tous solidement
construits à l'exception de celui de Saint-Pierre-à-la-
Saulx dont une partie était défectueuse et l'autre flan-
quée à l'extérieur d'une maison particulière. On peut
dire sans doute qu'avant 1814, la ville de Soissons
n'avait ni parapets ni ponts-levis ; mais on ne peut pas
ajouter, sans blesser la vérité, « qu'elle était ouverte de
tous côtés et dépourvue des moyens de défense les plus
essentiels, qu'elle était presque sans bastions. »

Avant 1814, la ville de Soissons dont l'administration
municipale, dans l'intérêt de ses octrois, veillait de son
mieux à empêcher la fraude, n'avait guère de pans de
murs écroulés que la partie supérieure de l'oreillon
septentrional du bastion de Myon dont les pierres déta-
chées du parement gisaient au pied du mur ; néanmoins
ce n'était pas une brèche praticable, puisque en 1814
on se contenta de la palissader ; mais il y avait en certains endroits des remparts des espèces d'échelles, que
les enfants et les gens du peuple appelaient des *brèches*,
qu'il ne faut pas confondre avec les éventrements de
murailles appelés brèches. Ces échelles ou *brèches*

étaient formées de petits trous pratiqués dans le mur et espacés de manière convenable pour y placer alternativement les mains et les pieds, à l'aide desquels quelques habitants et surtout les enfants et les jeunes gens , pour éviter un long détour, sortaient de la ville pendant le jour et y rentraient ; ce que faisaient aussi les retardataires et les fraudeurs après la fermeture des portes.

Ce n'est qu'à partir de l'hiver de 1815 que les vieux murs, construits sans talus et sans fondations profondes dont, depuis l'année précédente , on avait déraciné le pied en recreusant le fossé et surchargé le sommet par des parapets en terre , que des brèches véritables , des éventrements se manifestèrent de toutes parts. Ce n'est qu'à dater de cette époque seulement, qu'on peut dire sans erreur, avec l'historien Leroux, que (1) « l'enceinte de Soissons , d'un tracé très-défectueux et dépourvue d'ouvrages extérieurs, était ouverte sur tous les côtés. »

Quoique n'offrant pas, comme on le voit, l'aspect délabré retracé par les quelques lignes, empruntées à nos historiens, ci-dessus reproduites, la ville de Soissons n'était pas , le 21 décembre 1813 , au moment même où l'ennemi franchissait nos frontières de l'Est, à l'abri d'un coup de main. En douterait-on qu'à défaut d'autres preuves dont on ne manque pas, le décret promulgué le 10 janvier 1814 , ordonnant que la place de Soissons fût mise en état de défense, le prouverait suffisamment. Ce n'est donc que du jour de la signature de ce décret et jusqu'au 1er mars suivant, que Napoléon aurait mis, selon les expressions de M. Thiers, « un soin extrême à pourvoir Soissons de moyens de défense suffisants. » En quoi ce soin extrême a-t-il pu consister, si ce n'est

(1) M. Leroux; *Hist. de Soiss.*, t. 2 , p. 453.

(après le décret du 10 janvier) en dépêches, en prescriptions, en recommandations itératives très-pressantes adressées soit au ministre de la guerre ; soit au roi Joseph ?

A moins que de partager l'opinion de M. Brayer qui, après avoir retracé la situation de la France à la fin de 1813, ajoute : (1) « Voilà quelle était la condition des Français lorsqu'un décret du 10 janvier, mit Soissons en état de défense ; » pourrait-on dire que c'est avec des décrets et des dépêches, seulement, qu'on fortifie et qu'on défend une ville ? Pour arriver au résultat désiré, ne faut-il pas que les ordres en soient donnés et exécutés en temps opportun ? Le territoire français était envahi depuis trois semaines quand apparut le décret du 10 janvier ; et par une insigne fatalité un froid intense avait, depuis le commencement de l'hiver, durci la terre jusqu'à plus de 50 centimètres de profondeur ; d'un côté les armées ennemies pouvaient s'avancer à travers champs avec autant de facilité que sur les routes pavées ; tandis que de l'autre, la pioche du terrassier se brisait sans pouvoir entamer le sol, alors converti en pierre dure (2). Les mesures ordonnées par Napoléon étaient donc tardives et de plus, en partie, inexécutables.

C'est par suite de ce décret que, le 19 janvier, le colonel du génie Prost précédant de deux jours le colonel Berruyer, promu à cette occasion général de

---

(1) M. J. B. L. Brayer ; *Essais hist. sur Soissons* ; mms. in-folio p. 192 (Bibliot. publ. de Soissons).

(2) « Napoléon écrivait de Montereau au roi Joseph, le 19 février : « Nous avons aujourd'hui de la neige et un temps assez dur ; » et de Nogent-sur-Seine le 20 : « L'ennemi a joui d'un rare bonheur, qui est la gelée, qui lui a permis d'aller à travers champs. Il gèle si fort que nous en sommes incommodés. » (M. Fleury ; *le Départem. de l'Aisne en* 1814 ; 2e édit. p. 152.)

2..

brigade et nommé commandant de place à Soissons, arriva dans cette ville. Des travaux réguliers commencèrent aussitôt, lentement il est vrai à cause des rigueurs de la saison et, de plus, en butte à mille difficultés. Dans la nécessité où l'on se trouvait de parer de suite aux éventualités les plus imminentes, l'invasion ne s'étant opérée jusqu'alors que par les frontières de l'Est, et les efforts de Napoléon, pour la repousser, s'exécutant au Sud-Est de Soissons, c'est par les routes de Reims et de Château-Thierry qu'on s'attendait à être attaqué d'un moment à l'autre ; c'est donc aussi sur le front sud de la place que se portèrent les efforts du génie et de la défense. Ces travaux restés inutiles au 14 février seront utilement employés au 2 mars (1) ; bref, jusqu'au 12 février, c'est-à-dire jusqu'à la veille de l'apparition des Russes sur les montagnes au Nord de Soissons, la couronne du faubourg Saint-Waast, qu'ils allaient bientôt attaquer, avait été entièrement négligée ; aucun ouvrage n'y avait été commencé Je ne rechercherai pas sur qui doit retomber la responsabilité de cette négligence ou de cette imprévoyance ; ni à qui incombe celle de l'insuffisance de la garnison et de l'armement dont a pu disposer au 14 février, le général Rusca qui en devint le commandant en chef. Je renvoie pour plus de détails à l'ouvrage de M. Edouard Fleury (le Département de l'Aisne en 1814, 1858, 2e édition), auquel je vais emprunter les quelques passages suivants qui suffiront, je crois, par les fragments de lettres qu'ils contiennent, pour apprécier la valeur de l'assertion de M. Thiers et de celle du rapport inséré au Moniteur.

---

(1) Voir pour leur armement, plus loin et pour la relation de la journée du 2 mars, le Départ. de l'Aisne en 1814 ; 2e édit. p. 217 et suiv.; et plus loin, deuxième partie.

(1) « Le général Berruyer, sans ressources, presque
sans artillerie et sans munitions, ne sait plus quel parti
prendre. Sa lettre au général Hulin , commandant des
forces militaires de la division de Paris, datée du 5 février, témoigne de toutes ses anxiétés. (2) « Je suis très-
disposé à défendre mon poste tant qu'il dépendra de
moi de le conserver, » dit-il , « mais vous savez mieux
que personne que cette ville , ouverte de toutes parts à
une force qui me serait supérieure, ne peut être occupée
que fort peu de temps. S. E. le ministre de la guerre,
en envoyant huit pièces d'artillerie pour le service, n'a
pas donné l'ordre de conserver le train d'artillerie qui
a rétrogradé sur Douai. M. le sous-préfet , par suite
des évacuations et des réquisitions de voitures envoyées
à Châlons , désespère de pouvoir me procurer la
quantité de chevaux nécessaires pour le service de cette
-batterie. Si j'étais forcé de me retirer de Soissons , je
pense que le mieux serait de faire enclouer ces pièces ,
de les jeter dans l'Aisne, et d'y plonger également
toutes les munitions pour ne pas les laisser au pouvoir
de l'ennemi. J'ai besoin d'une prompte réponse de
votre part pour être assuré que vous approuvez ma
résolution. Dans le cas contraire , j'attends vos ordres
que je mettrai à exécution s'ils ne peuvent dépendre
que de mon zèle. »

(3) « Le général Berruyer arrêtait au passage les
soldats isolés et en formait des compagnies. S'il eût pu
disposer de tous ces hommes, il eût eu sous la main
une garnison capable de tenir quelques jours ; mais les

---

(1) M. E. Fleury, *le Départem. de l'Aisne en* 1814 ; 2ᵉ édit.
p. 46 et 47.

(2) Archives de la guerre (*Documents sur la campagne de*
1814).

(3) M. Fleury. *le Départ. de l'Aisne en* 1814; 2ᵉ édition, p. 53,
54 et 55.

compagnies à peine formées, il se les voyait enlever
par des ordres supérieurs et réitérés du ministère de la
guerre qui, pressé lui-même par l'Empereur, dirigea
d'abord sur Châlons, sur Meaux, ensuite, ces troupes
cependant si nécessaires à Soissons. Berruyer dut faire
partir pour Compiègne des convalescents qui eussent
pu rendre quelques services en cas de besoin. Il fut
même un instant question d'appeler à Meaux tout le
personnel du camp de Soissons. Napoléon avait écrit
au duc de Feltre que ce mouvement était indispensable
et qu'un bataillon suffirait à Soissons. (Arch. du ministère de la guerre.) « Je vais laisser à Soissons un
bataillon de gardes nationales et faire venir les autres
à Meaux en poste. » (Lettre de Napoléon à Joseph.
Nogent-sur-Seine, 7 février 1814. *Mém. du roi Joseph,*
t. 10.) Il fallut toute l'insistance que mit le général
Berruyer, dans ses nombreuses lettres où il démontrait
le danger de sa position et la nécessité de conserver le
peu de troupes qu'il avait sous la main, pour déter-
miner le roi Joseph à enfreindre les ordres pourtant
si positifs de l'Empereur, et les troupes du camp restèrent à Soissons. (« Le roi, sur les avis qu'il a reçus
de Soissons, a prescrit au ministre de la guerre de
suspendre jusqu'à nouvel ordre le départ des gardes
nationales de Soissons pour Meaux. Son intention est
qu'elles soient armées à Soissons. Il fera transmettre le
présent ordre au ministre par son chef d'état-major,
et il me charge de le porter verbalement à M. le duc de
Feltre. — Aux Tuileries, le 8 février 1814. Le colonel
Baltazar. » (Archives du ministère de la guerre.) —
Berruyer fut même autorisé à garder au besoin les
hommes isolés que la veille encore on lui ordonnait de
diriger sur Meaux. « Et surtout gardez Soissons comme
on a gardé Sens, » lui écrivait le ministre qui, enfin,
comprenait toute l'importance de défendre l'Aisne

contre un ennemi qui, maître de Reims, pouvait passer la rivière à Soissons et marcher droit sur Paris. Le général Hulin insistait vigoureusement pour qu'on augmentât sur l'heure la garnison de Soissons. — « Il faut, » disait-il dans une lettre que, le 8 février, il adressait au duc de Feltre ; « il faut envoyer en poste au moins un bataillon à Soissons. J'ai écrit au général Berruyer pour lui prescrire vigilance et fermeté ; mais je crois que la présence de quelques troupes ranimerait ce point-là ; il serait surtout urgent d'envoyer des fusils à la garde nationale. » Mais ni les soldats, ni les fusils, ni les munitions n'arrivaient à Soissons. Le ministre écrivait partout pour qu'on en pressât l'envoi. — « La route de Soissons par Villers-Cotterêts est libre, » disait-il le 8 ; « il est urgent que les effets parviennent promptement aux troupes de Soissons, et je ne vois pas qu'ils seront exposés à aucun danger sur cette route, si ce mouvement s'opère dès ce moment et avec célérité. » Le roi Joseph vient encore de recevoir, le 8, une lettre plus pressante que jamais du général Rusca définitivement chargé du commandement en chef à Soissons. Ce général se plaint amèrement qu'on ne le mette point à même de pouvoir défendre la ville qui sera évidemment attaquée d'un jour à l'autre. Le général Maurice Mathieu, chef d'état-major du roi, va lui-même solliciter auprès du ministre de la guerre l'envoi en poste du bataillon promis et qui n'est point en route. Mais ce bataillon qu'on appelle du Havre a reçu cependant, le 3 février, l'ordre formel de partir. Pourquoi n'est-il pas en chemin ? Pourquoi n'est-il pas encore arrivé ? On apprend que les compagnies n'étaient pas au complet, mais que, le 8 enfin, elles partiront en poste et seront rendues à destination le 11. S'il n'arrive pas de fusils à Soissons, c'est qu'ils manquent partout (*Mémoires du roi Joseph*, t. 10);

on vient d'y recevoir des 'gibernes et quelques munitions.

« Comment se défendra-t-on dans de pareilles conditions? Le général Rusca a senti son énergie l'abandonner. Dans le camp qu'il commande, il n'aperçoit que des soldats sans armes, sans instruction, sans discipline. D'avance il les voit fuir au premier coup de feu. Il a écrit au ministre de la guerre pour lui demander quelle sera la conduite à suivre si l'ennemi s'approche de Soissons. « Défendez la ville jusqu'à la dernière extrémité, » répond le duc de Feltre à ce vieux soldat dont il vient de prononcer l'arrêt de mort. Cet ordre est trop important pour que nous n'en citions pas les termes textuels qui sont d'ailleurs publiés pour la première fois :

« Quoiqu'il ne soit pas probable, » écrivait le duc de Feltre au général Rusca, « que des partis ennemis parviennent à pénétrer vers Soissons, il est nécessaire que cette place soit mise promptement en bon état de défense, et que vous, ainsi que le général Berruyer, commandant de place, vous vous mettiez en mesure de repousser toute attaque. Il est de la plus grande importance que la place de Soissons soit défendue jusqu'à la dernière extrémité, et si des forces majeures vous obligeaient à vous replier vers Paris, vous auriez le plus grand soin d'emmener les pièces d'artillerie qui se trouvent dans cette place. Je charge le général Berruyer de s'entendre avec les autorités civiles de Soissons, pour qu'il soit pourvu de suite à l'attelage de ces pièces. Je donne d'ailleurs des ordres pour faire parvenir les armes nécessaires aux bataillons réunis à Soissons qui en sont dépourvus. Occupez-vous sans relâche de l'instruction de ces troupes, et continuez, général, à me tenir informé de tout ce qui se passera d'important dans les environs de Soissons. »

(1) « L'artillerie consacrée à la défense de la place consistait en huit pièces de campagne qu'on avait eu beaucoup de peine à obtenir... Les artilleurs manquaient à Soissons. En vain Berruyer et Rusca en demandaient-ils avec instances à Paris, d'où tout ce qui était valide et instruit était expédié sur la grande armée. Force était cependant de pourvoir au service des canons que l'on allait installer sur les murailles..... Le général Berruyer s'attendait à recevoir de nombreux artilleurs : il lui en arriva cinq, dont deux officiers. Sur les huit qui étaient partis de Laon, trois avaient regagné leurs foyers, et tous les trois étaient décorés de la Légion-d'Honneur ! Berruyer était furieux. Rusca voulait qu'on fît un exemple sévère qui frappât les anciens militaires dont généralement l'esprit était devenu très-mauvais. (Rapport du général Rusca au ministre de la guerre. Archives du ministère de la guerre.)

« Par les soins du préfet, une compagnie de quatre-vingts hommes avait été levée parmi les maçons, pionniers, charpentiers et autres artisans des environs de Soissons. Ces ouvriers, le général Berruyer les transforma en canonniers, et nous saurons bientôt avec quel admirable courage ces artilleurs improvisés se conduiront au poste dangereux qu'on leur confiera et dont beaucoup ne sortiront pas. Heureusement, les cadres des 2e et 4e régiments d'artillerie traversèrent Soissons et le général Rusca les conserva sur un ordre exprès du duc de Valmy. Sans ce secours arrivé si à propos, la batterie de la porte de Crouy n'eût pu faire feu pendant....... le combat du 14 février où ces cadres furent à peu près anéantis.

« Les historiens ne sont point d'accord sur la force

(1) M. Fleury ; le Département de l'Aisne en 1814 ; 2e édition. p. 59, 62, 63, 64, 65, 66, 67 et 68.

réelle de la garnison de Soissons. Leroux (*Histoire de Soissons*) la porte à quatre mille hommes environ, tous conscrits de la levée de 1815 appelés par anticipation, ou gardes nationales mobiles du département de l'Eure et Seine-et-Oise..... C'est aussi à ce nombre de quatre mille soldats environ que le rapport du général Danloup-Verdun au ministre de la guerre sur la prise de Soissons porte les défenseurs de cette ville. Mais la moitié au moins d'entre eux ne pouvait être d'aucune utilité. On ne put les armer. Depuis le commencement du mois, le général Rusca écrivait lettre sur lettre pour demander des fusils. « Votre Majesté sait ce qui nous manque malheureusement. La garde nationale éprouve le même besoin. C'est le manque d'armes, sire.... » (Lettre de Joseph à Napoléon, Paris, 7 février. *Mémoires du roi Joseph.*) « Il paraît que les gardes nationales de Soissons n'ont pas de fusils. » (Lettre de Joseph à Napoléon. Paris, 8 février. *Mémoires du roi Joseph.*) ..... L'Empereur avait lui-même écrit au roi Joseph pour qu'on se hâtât de pourvoir Soissons de fusils et de cartouches, et le roi Joseph s'était plaint au duc de Feltre qu'il ne l'eût point mis en état de répondre à l'Empereur sur ce sujet « fort important. » Il n'avait fallu rien moins que cet ordre de Napoléon lui-même pour qu'enfin on voulût bien à Paris armer ces jeunes soldats que l'ennemi, s'il fût arrivé devant Soissons une seule journée plus tôt, eût trouvés sans un seul bon fusil. Le 8 février, le roi Joseph obtint qu'on fît immédiatement partir deux mille armes à feu, et le 9, le ministre la guerre annonçait enfin à Rusca qu'il venait de donner des ordres pour expédier les fusils nécessaires à l'armement de ses troupes ; ils devaient arriver à Soissons dès le lendemain, ainsi que les gibernes qu'on expédiait en poste. Mais le 11, les deux mille fusils annoncés n'étaient point encore parvenus à Soissons où l'on n'avait reçu que les gibernes. Une lettre de Rusca les réclame à grands cris, ces armes souhaitées n'arrivèrent que le 12 au soir, juste la veille du jour où les ennemis parurent devant Soissons (Rapport du général Danloup - Verdun). ....Deux mille hommes seulement furent donc pourvus d'armes en bon état; le reste n'avait que des fusils qui ne pouvaient pas faire feu.... Tout à l'heure, les généraux qui commandent à Soissons seront accusés officiellement et publiquement de n'avoir pas tenu assez longtemps dans la place après la mort du général Rusca. On ne peut donc trop insister sur les déplorables conditions où ils se trouvèrent placés, sur l'ignorance et le mauvais armement de leurs troupes. Il ne faut pas craindre d'entasser les preuves sur les preuves. Aussi sentons-nous le besoin de citer, pour en finir, un passage d'une lettre de Berruyer, non écrite pour les nécessités de sa défense ; car elle porte la date du 7 février, cinq jours avant l'attaque de Soissons. Elle est adressée au ministre de la guerre, et voici ce qu'elle contient textuellement reproduit : « Le peu de gardes nationales qui sont armées couvrent la ville de Soissons par des postes avancés. La plupart de leurs armes sont en mauvais état, et la moitié ne ferait pas feu. Ces troupes sont sans instruction et commandées par de mauvais officiers, les deux tiers n'ayant jamais servi. Chaque nuit, douze ou quinze hommes de chaque poste avancé reviennent en courant aux portes de la ville, frappés de terreur, demandant qu'on les laisse entrer. » .... Le même jour (10 février), Berruyer reçoit encore du ministre de la guerre l'ordre de défendre Soissons jusqu'à la dernière extrémité. « Il serait possible que des partis de cavalerie allassent actuellement du côté de Soissons. Je suppose que le ministre de la guerre a donné des ordres positifs pour que Soissons se défende. » (Lettre de

Napoléon à Joseph, datée de Nogent-sur-Seine, le 7 février à 4 heures du soir. *Mémoires du roi Joseph*.) « Soissons est menacé ; je viens d'ordonner au général Hulin d'y envoyer un bataillon. J'ai fait écrire au général Berruyer de s'y défendre. Je lui fais réitérer les mêmes ordres. (Réponse du roi Joseph à l'Empereur. Paris, 8 février, midi. *Mémoires du roi Joseph*).

« Une fois de plus, l'Empereur a ordonné qu'on appelât du camp de Soissons, dans celui de Meaux, tous les bataillons de gardes nationales à l'exception d'un seul : « Les divisions de Montereau et de Soissons qui s'exercent tous les jours, seraient d'un bon service à Meaux. » (Lettre de l'Empereur au roi Joseph du 9 février, midi. *Mémoires du roi Joseph*.) Une fois de plus, le roi Joseph ordonne au ministre de la guerre de laisser ces troupes à Soissons jusqu'à nouvel ordre. (Lettre du ministre de la guerre à l'Empereur, 9 février 1814. *Arch. du minist. de la guerre*.)

« Pour en terminer enfin avec les préliminaires du siège de Soissons, disons que cette place avait à peine pour deux jours de vivres, ses magasins ayant été presque complètement épuisés au profit de ceux de Meaux et de Châlons, et à supposer qu'on pût résister à une attaque de vive force, le blocus établi par un ennemi qui s'assoierait sur les principales routes, obligerait immédiatement la ville à se rendre pour éviter la famine. Toutes les voitures, tous les chevaux de la ville et des communes environnantes avaient été mis en réquisition pour le transport des approvisionnements ; mais les campagnes, ou épuisées, ou réservées pour les besoins de l'armée active, ne pouvaient plus rien fournir. »

Telle était la triste situation où se trouvaient la ville de Soissons et sa trop faible garnison le 13 février 1814 au matin, au moment où les premiers cosaques de l'armée du Nord apparurent sur les montagnes de

Crouy et de Cuffies. On voit par ce qui précède si elle était à l'abri d'un coup de main : on verra plus tard quelle fut sa situation pendant la seconde quinzaine du même mois.

Puisqu'il n'a pas dépendu de Napoléon qu'elle fût mieux fortifiée, mieux armée et pourvue d'une meilleure et plus nombreuse garnison ; était-il juste d'imputer sa chûte aux généraux qui y commandaient ? Si leurs demandes, leurs plaintes, leur incessantes réclamations ne prouvaient pas suffisamment qu'ils étaient disposés à la défendre jusqu'à la dernière extrêmité; leur défense du lendemain 14 le prouverait assez. Attaqués par une armée de vingt-cinq à trente mille hommes aguerris, ils résistent vaillamment pendant près d'une heure et demie, n'ayant pour ainsi dire que leur corps à opposer à l'ennemi qui les foudroie du haut des maisons voisines du fossé dont il s'est emparé dès le commencement de l'action. Tombé des premiers, le général Rusca est aussitôt remplacé dans son commandement par le général Danloup-Verdun. Les assiégés se défendent encore courageusement ; tous les artilleurs tombent successivement autour de leurs pièces qui restent enfin muettes faute de servants.

Pendant ce temps et tandis qu'on se bat avec acharnement à la porte Crouy, une partie des ennemis, tournant le faubourg St-Vaast, y pénètre par la petite porte de l'Échelle-St-Médard, dont on avait imprudemment négligé de détruire l'escalier et laissé ce point sans autre défense qu'un simple fonctionnaire qui, pour sa part, tua deux ennemis (je les ai vus sur place le lendemain au matin), avant de se replier sur le poste placé à l'entrée du pont de la ville. Se ruant sur le rempart, les Russes prennent à dos les Français alors obligés de fuir en se frayant un passage à travers les balles. Que voulait-on de plus de troupes sans instruction, mal armées ; de jeunes conscrits voyant le feu pour la première fois ?

Que faisait en ce moment critique, la garde nationale urbaine qui, créée par un décret du 17 décembre 1813, était entrée en exercice le 1ᵉʳ février 1814 ? Armée de fusils de chasse et de mauvais fusils de munition hors de service ; réunie depuis le matin pour un service d'ordre et rangée en bataille l'arme au pied sur la place d'armes, elle était restée à son poste malgré les nombreux projectiles qui tombaient autour d'elle et eût été détruite ou faite prisonnière, si le général Berruyer ne se fût souvenu d'elle ; et, accourant au galop, ne se fût écrié : « Messieurs, l'ennemi est maître de la ville ; « hâtez-vous de pourvoir à votre sûreté. » Les gardes nationaux n'eurent que le temps de jeter bien vite leurs armes et leurs fourniments et de se réfugier dans les maisons voisines ; notamment dans l'ancien couvent des Cordeliers. Tous néanmoins n'eurent pas le bonheur de trouver un abri : quelques-uns furent tués ou faits prisonniers.

(1) « Le 15 février, le roi Joseph annonça à l'Empereur que Soissons était tombé aux mains, non des ennemis qu'il avait battus à Château-Thierry, mais des Russes arrivés par la route de Laon. Sur les ordres de Napoléon, le duc de Trévise, qui avait avec lui une division d'infanterie et une de cavalerie, dut manœuvrer entre Reims et Soissons pour surveiller à la fois ces deux villes ; (Lettre de Napoléon à Joseph, de Meaux 16 février, à huit heures du matin. — Du même au même, lettre de Guignes, 16 février, six heures du soir. *Mémoires du roi Joseph*, correspondance.) Mais Joseph s'était plaint que depuis que Soissons était tombé au

(1) M. Fleury, *le Départem. de l'Aisne en 1814*, 2ᵉ édit., p. 143, 144, 145 et 146.

pouvoir de l'ennemi, la route de Paris n'était plus cou-verte et que Soissons était maintenant le point par où la capitale était le plus immédiatement menacée.... On apercevait déjà les Russes marchant sur Paris décou-vert et dont trois jours de marche les séparaient à peine.

« La crainte rend les hommes injustes ; et l'on ne tint compte aux généraux, qui avaient défendu la place, du peu de ressources dont on les avait pourvus, ni de leur courageuse attitude en présence de l'ennemi. Le 18 février on lisait en effet au *Moniteur*, cet article de désapprobation et de menace : « Soissons est une place à l'abri d'un coup de main. Les généraux qui se trouvaient dans la ville et devaient prendre le comman-dement à la place du général Rusca, seront traduits devant un conseil d'enquête, car cette ville ne devait pas être prise. » Le gouvernement était cependant en possession des rapports des généraux Danloup-Verdun et Berruyer au moment où le journal officiel publiait cette note si dure et si injuste dans sa brièveté....

« Nous venons de voir le *Moniteur* annoncer que les généraux, qui ont survécu au premier désastre de Sois-sons, seraient traduits devant une commission d'enquête. Nous n'avons trouvé au ministère de la guerre aucune trace de cette procédure et des interrogatoires qu'ils eurent à subir.... Nous savons seulement que dans son rapport du 21 février 1814, la Commission d'enquête déclara que les généraux Berruyer et Danloup-Verdun ne méritaient aucun reproche, et qu'ils avaient pro-longé la défense de la place, autant que leur permettaient les faibles moyens dont ils disposaient. »

Cet événement si désastreux pour Soissons, et qui, aussi, jeta l'alarme dans Paris, méritait bien, ce me semble, une place dans l'*Histoire du Consulat et de l'Empire*, ne fût-ce qu'en raison de la grande impor-tance stratégique accordée à Soissons par l'Empereur

qui, malheureusement dans sa détresse, ne put la faire
fortifier assez tôt, ni suffisamment pour être mise à l'abri
d'un coup de main.... L'historien n'en rend compte
qu'en quatre lignes, selon moi inexactes :

M. Thiers, on l'a vu, en employant le terme générique
Alliés, ne précise pas par qui Soissons a été pris cette
première fois. Ignorait-il la présence à Soissons de
l'armée du Nord au 14 février ? Si ce n'est point par le
général Winzintgerode, que Soissons fut pris d'assaut,
le 14 février 1814, quel est celui qui s'en rendit maître
ce jour là ? Mais qu'à cela ne tienne : ne suffit-il pas
que tout le monde le sache ? M. Thiers ne pourrait pas,
d'ailleurs, contredire les faits que je viens de rapporter
sur le premier siège de Soissons. Eût-il vécu, le général
Rusca n'aurait pu sauver la ville : sa mort ne l'a donc
pas mise aux mains des alliés. Après avoir été prise
d'assaut, cette malheureuse cité va-t-elle être reprise de
vive force par le maréchal Mortier ? Non, heureusement.

(1) Dès le 16, à la nouvelle reçue le 15 au soir des
revers d'Alsufiew, de Sacken, d'York et de Blucher lui-
même, à Champ-Aubert, à Montmirail, à Château-
Thierry et à Vauchamps, Winzintgerode avait évacué
Soissons ; ses troupes avaient pris la direction des routes
de Vailly et de Craonne d'un côté et celle de Braine de
l'autre, et allaient faire leur jonction à Reims avec
Sacken et d'York, laissant la ville de Soissons ouverte
à tous venants et où arrivait, le 17, vers trois heures du
matin le 10ᵉ régiment de hussards faisant partie du
corps aux ordres du duc de Trévise Ces cavaliers, qui
avaient traversé la ville pour aller faire, par la porte-
Crouy, une reconnaissance sur les routes de Laon et de

(1) M. Fleury, *le Départem. de l'Aisne en 1814,* 2ᵉ édit., pag. 142
et 143. — Géruzez, *Descrip. hist. et statist. de la ville de Reims,*
1817, t. 1ᵉʳ, p. 46.

Vailly, ne firent à Soissons qu'une courte apparition et regagnèrent Villers-Cotterêts où le maréchal duc de Trévise s'était porté la veille et où il était arrivé le 16 dans la nuit. La ville de Soissons se trouvait abandonnée par les Français, comme elle l'avait été par les Russes.

Telles étaient, dans la première quinzaine de février 1814, les vicissitudes de cette ville « la clef de l'Aisne » comme l'appelle M. Thiers ; de cette ville que « Napoléon avait mis » dit-il, « un soin extrême à pourvoir de moyens de défense suffisants » ; de cette ville enfin sur laquelle, à ses yeux, reposaient les destinées de la France, et qui va devenir, pour l'historien du *Consulat et de l'Empire,* par l'événement « le plus funeste de « notre histoire après celui de Waterloo » la pierre d'achoppement contre laquelle se brisera bientôt la fortune de Napoléon !

Les faits que je viens de rappeler en m'appuyant sur l'autorité des historiens locaux, je pourrais les affirmer aussi en partie comme témoin oculaire ; Mais M. Thiers, tout en reconnaissant, dans une note de son ouvrage (1), « La difficulté d'arriver à la vérité historique » à l'égard des opérations de la guerre, « en cherche toujours le « secret », dit-il, « dans les ordres et les correspondances « de l'Empereur, et non dans les mille récits des témoins « oculaires qui ont sans doute leur valeur légendaire, « mais très-relative, toujours bornée au fait matériel « qu'ils ont eu sous les yeux, et s'étendant rarement « jusqu'au sens véritable de ce fait. » Comme lui, c'est aussi dans les ordres et les correspondances de l'Empereur que j'ai puisé jusqu'ici et que je continuerai de puiser mes plus solides preuves contre ses assertions, car les ordres et les correspondances de Napoléon,

(1) M. Thiers, *Hist. du Consul. et de l'Emp.*, t. 17., p. 303, note.

comme on le verra par la suite; n'ont été donnés ou rédigés bien souvent que sur des rapports inexacts de ses généraux pour la rédaction desquels ceux-ci n'avaient par fois d'autres éléments que des témoignages incertains recueillis indirectement de bouche en bouche par des agents obscurs et ignorants; par des espions ou des paysans. D'ailleurs les ordres et les correspondances de l'Empereur suffisent-ils pour établir la notoriété d'une foule de faits que l'histoire ne doit pas négliger? Je pourrais citer plusieurs exemples tirés de ce qui s'est passé à Soissons en 1814; témoignages d'autant plus précieux que le nombre des témoins oculaires s'est trouvé plus restreint. Mais, des documents provenant de la correspondance impériale, des lettres de Napoléon, de son frère Joseph, du ministre de la guerre, du duc de Raguse, etc., suffiront pour prouver que les espérances de l'Empereur n'étaient malheureusement que de décevantes illusions.

(1) « Une fois encore, et ce ne sera pas la dernière, l'Empereur s'illusionnait sur la portée du mouvement des Russes. Au lieu de se les représenter, comme c'était vrai, manœuvrant pour faire leur jonction avec des corps battus, pour les recueillir et recommencer avec eux la lutte d'où leurs défaites venaient de les éloigner, Napoléon crut voir Winzintgerode s'enfuyant vers les Ardennes par la route de Soissons à Neufchâtel le long de l'Aisne et se préparant à sortir de France. Les dispositions de son esprit à prendre le change sont assez peu connues pour qu'il faille les prouver, et la meilleure de toutes les démonstrations, on la trouve dans les correspondances de l'Empereur lui-même. Ainsi, voici ce qu'il écrivait au roi Joseph, de Guignes, le 17 février (5 heures du matin), au sujet de la prétendue fuite de

(1) M. Fleury, *le Départem. de l'Aisne en* 1814, 2ᵉ édit. p. 441.

Winzintgerode : (Mémoires du roi Joseph) « Mon frère, le duc de Trévise était hier à Villers-Cotterêts. Il me mande que l'ennemi a évacué Soissons, et a fait rentrer tous les partis qu'il avait détachés du côté de Compiègne. L'effroi de la déroute est tel, que le duc de Trévise croit qu'ils gagnent en toute hâte les Ardennes. Ils ont filé sur Fismes ; ainsi vous voyez que vous êtes couvert de ce côté-là. » Et plus loin : « Les ennemis sont extrêmement fatigués. »

Ce n'est certes point dans la correspondance de l'Empereur que M. Thiers a vu Winzintgerode arriver du Luxembourg par Reims et se mettre, pour la première fois en ligne le 1er mars, comme on va le voir bientôt.

Si Napoléon Ier. ne pouvant être partout à la fois et souvent trompé par des rapports inexacts, a pu commettre, dans ses correspondances, quelques erreurs ; ou s'il a pu être entraîné dans quelques fausses appréciations sur les pertes et sur la marche des ennemis, il est à cet égard à l'abri de tout reproche ; mais une telle erreur s'explique difficilement chez un historien comme M. Thiers. Le bulletin sur la situation des armées au 21 février 1814, inséré au *Moniteur* du 24, après avoir annoncé la prise de Soissons, le 14 février, par Winzintgerode, continue : « Le duc de Raguse est à Sézanne observant les mouvements du général Winzintgerode, qui, ayant quitté Soissons, s'est porté par Reims sur Châlons, pour se réunir aux débris du général Blucher. Le duc de Raguse tomberait sur son flanc, s'il s'engageait de nouveau.... Le duc de Trévise a occupé Soissons le 19 et en réorganise la défense. » L'auteur du bulletin n'avait pas, au sujet de la prise de Soissons, le moindre intérêt à cacher la vérité : l'insertion de ce fait au *Moniteur* le rend incontestablement un fait notoire acquis à l'histoire.

3.

M. Thiers n'est ni le premier, ni le seul historien qui ait commis sur cet événement une erreur de ce genre. Vaulabelle, par exemple, s'exprime ainsi :

(1) « Première reddition de Soissons, — Blucher, après la bataille de Vauchamps, s'était retiré en désordre, comme nous l'avons dit, sur Châlons, fort incertain du parti qu'il devait prendre et très-inquiet des deux corps de Sacken et d'York. On sait que, battus trois jours avant lui, ces deux généraux s'étaient enfuis de Château-Thierry dans la direction de l'Aisne. Arrêtés par cette rivière et poursuivis par le duc de Trévise, les régiments qu'ils avaient pu emmener auraient été achevés sous les murs de Soissons, si les portes et les ponts de cette place se fussent fermés devant eux. Mais au moment où ils se présentèrent devant la ville, elle venait de se rendre à plusieurs divisions russes et prussiennes, commandées par le général Woronzow, et qui après la conquête de la Belgique avaient à leur tour franchi la frontière et marché sur l'Aisne en suivant la route de Vervins et de Laon. Soissons n'avait que quelques soldats pour garnison. Son commandant, le général Rusca, n'hésita pourtant pas à se défendre, il fut tué dès la première attaque, sa mort livra la place aux nouveaux arrivants. Ceux-ci, quand ils aperçurent les fuyards de Château-Thierry, baissèrent les ponts et recueillirent ces débris. Une fois réunis, tous ces corps se mirent en marche pour rallier Blucher qu'ils joignirent enfin à Châlons après deux jours de recherches. » Ce récit est-il conforme aux faits? On va en juger d'après des documents authentiques et le témoignage de témoins oculaires.

Voici d'abord quelques passages du bulletin sur la situation des armées au 12 février, inséré au *Moniteur*

---

(1) Vaulabille, *Hist. des deux Restaurations.* Paris 1844, t. 1er, chap. v, § iv, p. 197.

du 16 février 1814 : « Le lendemain 12, à 9 heures du
« matin, le duc de Trévise suivit l'ennemi sur la route
« de Château-Thierry.... Le 12 au soir, l'Empereur a
« pris son quartier-général au petit château de Nesles.
« Le 13, dès la pointe du jour, on s'est occupé à réparer
« les ponts de Château-Thierry. L'ennemi ne pouvant
« se retirer ni sur la route d'Epernay qui lui était
« coupée, ni sur celle qui passe par la ville de Soissons
« que nous occupons a pris la traverse dans la direction
« de Reims. »

De son côté, l'historien du département de l'Aisne en
1814, s'exprime ainsi :

(1) « L'armée française, descendue du plateau de
Nesles campa dans la vallée, sur la rive gauche de la
rivière. L'Empereur coucha dans le château de Nesles.
C'est de là que le soir, il écrivait au roi Joseph déjà
prévenu du succès de la journée par une lettre de Berthier datée de quatre heures : « Mon frère, je suis dans
le faubourg de Château-Thierry. J'ai poursuivi l'arrière-
garde de l'armée ennemie; lui ayant coupé le chemin de
Châlons, toute l'armée a été obligée de passer la Marne
pour se jeter sur la route de Soissons.... » « Dès onze
heures du matin, on avait vu, le 12, accourir vers les
ponts des rassemblements, confus et égarés par la peur,
de gens de pied, de cavaliers, d'artilleurs; c'étaient les
troupes de Sacken et d'York battues la veille. Elles
n'offraient plus aucune apparence militaire. Entassées
sur la rive gauche, elles attendaient avec impatience le
moment de passer les deux ponts, que les canons et les
bagages encombraient.... Les Russes de Sacken avaient
les premiers passé la rivière.... Mais les Russes se
mettent en retraite vers trois heures de l'après-midi

(1) M. Fleury, le Départem. de l'Aisne en 1814, 2ᵉ édit., p. 100,
104, 105, 107, 109 et 110, note.

pour faire place à l'armée prussienne dont les troupes, chassées des hauteurs, se présentent à leur tour pour passer la rivière.... Nous avons dit que l'armée de Sacken avait quitté Château-Thierry dans l'après-midi. Vers le milieu de la nuit, les Prussiens commencèrent leur retraite. Ils se dirigeaient tous sur Fère-en-Tardenois pour gagner Reims ; mais afin d'éviter l'encombrement qui se ferait nécessairement dans une ville aussi petite que Fère, s'ils y arrivaient tous à la fois, York et les Prussiens prirent la route directe de Château-Thierry, tandis que Sacken et les débris de ses troupes descendirent la route de Soissons jusqu'à Oulchy ; là, tirant à droite, ils passèrent à Cramaille, Saponay, et arrivés à Fère, suivirent les traces d'York qui marchait sur Fismes par Mareuil-en-Dôle, Bruys, Lhuys, les hauteurs de Mont-Notre-Dame, St-Thibault, Villesavoye et Mont-Saint-Martin. (Rapport du Maire de Braine au Préfet de l'Aisne sur ce qui s'est passé en 1814, à Braine et dans les environs. — Collect. de M. S. Prioux.).... Cependant l'Empereur avait ordonné de reconnaître la ville dès le matin (13). Elle n'était plus gardée que par de faibles détachements dont la mission était de retarder le plus possible le passage de la Marne et le rétablissement des ponts, qui fut immédiatement entrepris sous une fusillade meurtrière partant de la rive gauche.... Napoléon préside à l'œuvre et la presse. Après sept à huit heures de travail, les tabliers sont enfin rétablis solidement. A cinq heures du soir, l'infanterie du duc de Trévise passe les ponts au pas de course. Colbert et Defrance la suivent avec leur cavalerie.... Ce moment, sur lequel les écrivains militaires ne sont pas d'accord, est parfaitement précisé par cette lettre que Napoléon envoya le 14 février, quatre heures du matin, au roi Joseph : « Le duc de Trévise a passé hier le pont de Château-Thierry à cinq heures du soir et s'est porté à la suite de l'ennemi. » (Mémoires du roi Joseph.—Correspondance.) Le 14 février, du champ de bataille de Vauchamps, Berthier écrit aussi au roi Joseph : « Le pont de Château-Thierry ayant été réparé à cinq heures du soir, le duc de Trévise s'est mis à la poursuite des deux corps de Sacken et d'York qui se sont retirés sur Reims. » (id.) »

J. B. F. Géruzez, ex-génovéfain, professeur au collége royal de Reims qui fit sur ce qui se passa à Reims en 1814 « un journal fort étendu » duquel il a extrait un récit succinct publié en 1817, nous apprend que (1) « Le 6 février, le général Rigau ayant fait assembler la garde nationale sur la place de l'Hôtel-de-Ville, annonce qu'un corps prussien de cinq mille hommes placés entre Châlons et Reims, menace la ville, et que ne pouvant la défendre, il va se retirer à Soissons avec sa petite troupe.... On attendait l'ennemi du côté de la porte Dieu-Lumière, et l'on avait envoyé une députation à cette porte; mais tout-à-coup, vers quatre heures du soir, on apprend que des cosaques, se disant au nombre de cinq cents se présentent à la porte de Mars au nom de l'Empereur de Russie. On parlemente quelque temps avec eux et on les laisse entrer. Ils n'étaient que cent cinquante.... Les cosaques bivouaquèrent sur la place de ville avec leurs chevaux pendant près de trois semaines, et contribuèrent avec la garde nationale à maintenir la tranquillité de la ville. Le 12 février, quelques soldats épars de l'armée prussienne battue à Montmirail se réfugient à Reims. Ils demandèrent à la ville dix mille rations de pain, et l'on mit en réquisition tous les fours de boulangers au nombre de soixante-six. Ces Prussiens firent des réquisitions et

(1) **Géruzez**, *Descript. hist. et statist. de la ville de Reims*, t. 1er, p. **46** et suiv.

obtinrent des bottes et des souliers que les bourgeois donnèrent. Le 14, il arriva beaucoup de troupes prussiennes délabrées et en désordre A six heures du soir, le frère du roi de Prusse, en simple habit bleu, visitait la cathédrale avec quelques officiers. Le 15, à une heure après-midi, arrivèrent dix régiments russes des divisions York et Sacken dont la retraite confirmait le bruit des victoires de Montmirail et de Champaubert.... L'armée partit le lendemain par la route de Châlons.... Le 16 février, à six heures du soir, sur la route du Bac, on aperçut à la porte de Mars l'armée du général russe Wintzingerode, venant de Soissons par Vailly et Craonne. Elle bivouaqua dans les villages des environs; les chefs seuls entrèrent dans la ville.... Cette armée était composée de vingt-cinq ou vingt-six mille hommes. Pendant quinze jours de suite, une partie bivouaquait hors des murs, tandis que l'autre logeait dans la ville.... Deux ou trois jours avant leur départ, les Russes travaillèrent à faire des échelles. Ils se disposaient au siège de Soissons. Enfin le 1er mars, le général Wintzingerode partit avec son armée pour aller assiéger Soissons qu'il prit, renforcer Blucher et tenir tête à Bonaparte devant Craonne et Laon.... »

Telle est l'exacte vérité à l'égard de cette retraite des corps d'York et de Sacken.

Peut-on comprendre que, dans un ouvrage publié en 1844, un historien fasse ouvrir les portes de Soissons, baisser les ponts-levis qui n'existaient pas, devant une armée en désordre s'enfuyant de Château-Thierry les 11 et 12 février 1814 et arrivant à Reims les 12, 13, 14 et 15; par un autre corps d'armée à qui cet écrivain donne pour chef Woronzow au lieu de Winzintgerode qui ne s'empare de Soissons que le 14 après-midi?

Comment concevoir que dans un récit publié en 1860, **ce même Winzintgerode** que nous avons vu, arrivant de

Belgique, s'avancer par Vervins et Laon sur Soissons qu'il prend d'assaut le 14 février 1814, qu'il abandonne dans la nuit du 15 pour se porter sur Reims, où il arrive le 16 au soir et où il séjourne jusqu'au 1er mars arrivera, à cette dernière date, du Luxembourg par Reims? Voilà pourtant ce que raconte M. Thiers, en ces termes :

(1) « Le 1er et le 2 mars, on vit apparaître deux « masses ennemies. l'une par la rive droite, l'autre par « la rive gauche de l'Aisne : c'étaient Bulow qui, arri- « vant de la Belgique et descendant du Nord, abordait « Soissons par la rive droite et Winzintgerode qui, « venant du Luxembourg et ayant pris par Reims, s'y « présentait par la rive gauche. » Ce récit n'est vrai qu'en partie, c'est-à-dire que le 2 mars, ces deux géné- raux arrivèrent effectivement devant Soissons, l'un venant de Laon et l'autre de Reims ; mais Bulow « qu'à la date du 4 mars Napoléon croyait encore à Avesnes » : (2) « L'Empereur pense que vous devez avoir des nou- velles de Bulow qu'on suppose du côté d'Avesnes. » Lettre de Berthier à Marmont du 4 mars (Mémoires du duc de Raguse) ; Bulow (3) « qui, après avoir couché le 19 février dans Avesnes, avait traversé tout le nord du département de l'Aisne en deux colonnes de marche était arrivé à Laon le 22... Dès le lendemain de son arrivée, le général prussien avait fait filer sur Soissons deux colonnes dont l'une avait poussé droit à Chavignon, et dont l'autre avait pris par Pinon et paraissaient prendre leurs dispositions de stationnement peut-être pour attendre la réunion à Laon de toutes les forces qui suivaient ; tandis que quelques-unes appartenant à Woronzow se dirigeaient de Laon sur Reims » ; Bulow,

(1) M. Thiers ; *Hist. du Consul. et de l'Emp.*, t. 17, p. 446.
(2) M. Fleury ; *le Départ. de l'Aisne en 1814*, 2e édit., p. 205.
(3) Idem ; p. 152, 153 et 193.

dis-je, après six jours de repos partait effectivement dans la journée du 1er mars, de Laon pour Soissons. Le même jour, aussi, Winzintgerode partait de Reims pour la même ville ; mais celui-ci n'arrivait pas, comme le dit M. Thiers, du Luxembourg. Parti de Namur, comme on l'a vu précédemment, dès le 6 février et passant par Avesnes et Laon, il était venu sur la rive droite de l'Aisne, prendre d'assaut la ville de Soissons le jour même que l'on y attendait l'armée en déroute d'York et de Sacken, laquelle y serait parvenue dès la veille si elle ne se fût dirigée, on vient de le voir, par Fère-en-Tardenois sur Reims. Puis, par suite des batailles de Champaubert, de Montmirail, de Château-Thierry et de Vauchamps, le général russe s'était replié sur Reims pour donner la main, d'un côté, à Blucher se repliant sur Châlons ; et de l'autre à Bulow se dirigeant en ce moment de la Belgique sur Laon, ayant leurs communications établies à Neufchâtel et à Berry-au-Bac.

Qui donc avait dirigé, le 14 février, Winzintgerode si à propos sur Soissons pour le salut d'York et de Sacken, et lui avait inspiré l'idée de se replier sur Reims pour les y protéger ? M. Thiers, on le sait, garde le silence sur la présence à Soissons de Winzintgerode le 14 février ; mais il dit dans un autre endroit : (1) « Bernadote, il est vrai, avait fini par marcher sur le « Rhin, et s'était fait précéder par les corps de Bulow « et de Wintzingerode. » Je reviendrai sur cette question.

Je le répète : Napoléon a pu être trompé sur les pertes et sur la marche des ennemis ; le soir de la bataille de Montmirail (11 février) il a pu croire l'armée de Silésie dans une complète déroute ; le 12, il a pu

_____

(1) M. Thiers ; *Hist. du Consul. et de l'Emp.*, t. 17, p. 411.

se figurer qu'après l'avoir obligée de passer la Marne à
Château-Thierry pour se jeter sur la route de Soissons,
elle allait se diriger sur cette ville ; et il avait pu, dans
la journée du 13, donner des ordres pour que le général
Berruyer y fît son devoir. Il lui était bien permis dans
les circonstances où il se trouvait d'ignorer, le 14 au
matin, l'arrivée devant Soissons de Winzintgerode que
d'York et Sacken ignoraient eux-mêmes; puisque, au
lieu de se diriger directement sur Soissons, ce qu'ils
auraient fait s'ils en eussent eu connaissance; ceux-ci,
d'Oulchy-le-Château, se jetèrent à droite par les chemins
de traverse de Fère-en-Tardenois et Fismes sur Reims.

Peut-il en être de même de l'historien du *Consulat
et de l'Empire?* M. Thiers ne dit pas un mot de cette
armée du Nord accourant, le 14 février, au secours de
l'armée de Silésie. Ce fait n'est pas le seul que j'aurai à
signaler : une erreur en fait presque toujours naître
d'autres.

Si je parcours l'*Histoire du Consulat et de l'Empire*
pour m'éclairer sur cette armée du Nord, j'y vois que (1)
« Bernadotte avait reçu mission, en quittant Leipzig
« (décembre 1813), de délivrer Hambourg, Brême et
« Amsterdam avec l'armée du Nord, mais qu'il n'en
« avait rien fait. Qu'il avait porté tout son corps d'armée
« vers le Holstein pour réduire le Danemark, et lui
« arracher la cession de la Norvège. Que sur la récla-
« mation des agents anglais et autrichiens qui avaient
« demandé qu'on retirât à Bernadotte les quatre-vingts
« mille hommes qu'il détournait pour son usage par-
« ticulier, on s'était borné à ordonner au prince suédois
« de détacher un corps prussien et russe vers la Hollande
« ce qui avait été exécuté vers les premiers jours de

(1) M. Thiers; *Hist. du Consulat et de l'Empire*, t. 17, p. 120,
121, 122, 123 et 124.

« novembre.... Que le corps de Bulow, détaché par
« Bernadotte, ayant paru sur l'Yssel, le général Molitor
« sortit d'Amsterdam avec tout ce qu'il avait de forces
« disponibles, et vint se placer à Utrecht pour y garder
« la ligne de Naardin à Gorcum..... Que bientôt pour
« ne pas être coupé de la Belgique, le général Molitor
« se retira sur le Vahal.... Qu'à dater de ce moment
« il n'y eut plus une ville de la Hollande qui n'accom-
« plit sa révolution.... Que les Anglais y débarquèrent
« le général Graham à la tête de six mille hommes....
« Que sur le champ on prépara des renforts destinés
« pour la Hollande ; qu'on fit donner au général
« Graham, aux généraux prussiens et russes l'ordre de
« marcher tous ensemble sur Anvers et qu'on adressa
« de vives représentations à Bernadotte afin qu'il cessât
« de s'occuper du Danemark et se portât avec toutes
« ses forces sur les Pays-Bas, s'en fiant à la coalision
« du soin de lui assurer la Norvège qu'on lui avait
« promise. » Puis, plus loin, en énumérant les forces
qui restaient aux coalisés après la campagne de 1813,
M. Thiers revenant sur les mêmes faits ajoute : (1)
« Bernadotte avec les Suédois, avec les Prussiens de
« Bulow, avec les Russes de Winzintgerode, sous pré-
« texte de faire face au maréchal Davoust, s'était
« détourné du but principal afin d'enlever la Norvège
« aux Danois. » On voit par ces divers passages que
les corps des généraux Bulow et Winzintgerode faisaient
partie de l'armée du Nord sous les ordres de Bernadotte
et qu'en décembre 1813 ils se trouvaient l'un et l'autre
dans le nord des Pays-Bas et que Winzintgerode
n'était pas dans le Luxembourg.

Après avoir exposé les divers plans d'invasion pro-
posés dans le sein de la coalision, le plan définitivement

---

(1) M. Thiers ; *Hist. du Consul. et de l'Emp.*, t. 17, p. 130.

adopté par elle et le projet d'un double passage du Rhin
vers Coblentz et Bâle, où il n'est nullement question
du rôle que doit y jouer l'armée du Nord, M. Thiers
fait connaître les premiers mouvements de troupes
ordonnés par Napoléon en apprenant l'insurrection de
la Hollande, mouvements que le passage du Rhin vers
la Suisse, le 21 décembre, vint bientôt changer.

(1) « La vieille garde », dit-il, « acheminée d'abord
« sur la Belgique eut ordre de rebrousser chemin vers
« Châlons-sur-Marne, pour prendre position à Langres.
« Napoléon ne laissa en Belgique que la division
« Roguet, laquelle même ne devait y rester que le
« temps nécessaire pour permettre au général Decaen
« de réunir les premiers éléments d'un corps d'armée.
« Le grand effort des coalisés ne se portant pas de ce
« côté, Napoléon ne voulait y laisser que les forces
« indispensables pour contenir et ralentir l'ennemi
« qui venait du Nord. »

Plus loin, faisant le tableau de l'aspect affligeant des
provinces envahies : (2) « Dans les Pays-Bas, les
« choses », dit-il, « n'allaient guère mieux. » Il représente « le maréchal Macdonald débordé sur sa droite
« par la colonne de Blucher qui avait passé le Rhin
« entre Mayence et Coblentz, et forcé de se retirer sur
« Mézières avec environ 12 mille hommes, en ne lais-
« sant que de très-petites garnisons à Wesel et à
« Maëstricht ; le général Decaen qui, envoyé à Anvers
« où il avait réuni en marins et en conscrits une gar-
« nison de 7 à 8 mille hommes, en avait de plus jeté
« 3 mille à Flessingue, 2 mille à Berg-op-zoom,

(1) M. Thiers; *Hist. du Consul. et de l'Emp.*, t. 17, p. 152.
(2) *Idem.*, t. 17, p. 191.

« abandonnant Breda et Willemstadt ; et qui, ne
« pouvant suffire qu'à une partie de sa tâche avait
« préféré Anvers et Flessingue à tout le reste. »

Puis, rappelant les dernières dispositions prises par
Napoléon en janvier 1814 à l'égard de la Belgique : (1)
« Mécontent du général Decaen à cause de l'évacuation
« de Willemstadt, il le remplaça, » dit-il, « par le géné-
« ral Maison. Il laissa à ce dernier pour instruction de
« s'établir dans un camp retranché en avant d'Anvers,
« avec trois brigades de jeune garde, avec les batail-
« lons du 1er corps qu'on aurait eu le temps de former,
« et de s'attacher à retenir les ennemis sur l'Escaut
« par la menace de se jeter sur leurs derrières s'ils
« marchaient sur Bruxelles. Il prescrivit à Macdonald
« de se replier sur l'Argonne, et de là sur la Marne,
« avec les 5e et 11e corps et le 3e de cavalerie. »

L'historien termine cet exposé de notre situation en
Belgique en montrant (2) « Le général Maison s'effor-
« çant de faire face aux périls de tous genres dont il
« était environné. Fondant sur les Anglais du général
« Graham et sur les Prussiens du général Bulow,
« les obligeant de s'éloigner d'Anvers. Puis bientôt
« après, privé de la division Roguet, réduit à la division
« Barrois et à quelques bataillons organisés à la hâte
« dans les dépôts de l'ancien 1er corps, disposant tout
« au plus de 7 à 8 mille hommes de troupes actives,
« et se voyant dans l'alternative ou de rester enfermé
« dans Anvers, ou de se détacher de cette place pour
« essayer de couvrir la Belgique, préférant ce dernier
« parti et laissant dans Anvers une garnison de 12
« mille hommes avec l'illustre Carnot. Il s'était reporté
« ensuite sur Bruxelles, puis sur Mons et sur Lille,

(1) M. Thiers, *Hist. du Consul. et de l'Emp.*, t. 17, p. 207.

(2) *Idem.*, t. 17, p. 357 et 358.

« jetant çà et là dans les places du nord les vivres qu'il
« pouvait ramasser, et les conscrits à demi-vêtus, à
« demi-armés, qu'il parvenait à tirer de ses dépôts ;
« tandis que Carnot supportait avec une impassible fer-
« meté un horrible bombardement qui, du reste, n'avait
« point atteint la flotte, objet de toutes les fureurs de
« l'Angleterre. »

Jusqu'à la date du 20 février 1814, M. Thiers nous
montre donc notre frontière du nord bien gardée, autant
que les circonstances le permettent, par le général
Maison contre les entreprises des Anglais du général
Graham, des Prussiens de Bulow et des détachements
ennemis qui se trouvaient à sa portée ; mais il ne dit
rien du général russe Winzintgerode qu'il avait cependant, comme on l'a vu précédemment, associé à ce
dernier : omettant ainsi la première marche de Winzintgerode sur Soissons, le 14 février, couronnée par la
prise d'assaut de cette ville ; événement qui jeta la
consternation dans Paris et que le *Moniteur* du 24 février
fit connaître par un article de désapprobation et de
menace.

En effet, que serait-il arrivé le 14 février 1814 si, la
veille, étant parvenus à Oulchy le-Château, les généraux
d'York et Sacken, poursuivis par Mortier, au lieu de
converser à droite pour se replier par Fère-en-Tardenois
sur Reims, où leurs colonnes arrivèrent le 15 à une
heure de l'après-midi, se fussent dirigés sur Soissons ? Ils
eussent fait, le jour même, leur jonction avec les 25 à
30 mille hommes de troupes fraîches de Winzintgerode
qui, au lieu de rétrograder le 16 sur Reims, pour se
se joindre à eux aurait pu, après avoir repoussé Mortier
trop faible pour lui résister, marcher avec eux immédiatement sur Paris par Villers-Cotterêts au moment
même où Napoléon, après la journée de Vauchamps,
abandonnant Blucher à Marmont pour se jeter sur

Schwarzenberg (1), « faisait partir Macdonald avec ses
« 12 mille hommes par la route de Meaux à Fontenay
« et l'envoyait sur l'Yères, ce petit cours d'eau où
« allaient se concentrer toutes nos forces. »

Il n'a donc tenu qu'à la simple conversion à droite
opérée à Oulchy-le-Château par les généraux d'York et
Sacken, ignorant l'approche de Winzintgerode sur
Soissons qu'ils savaient devoir se défendre s'ils s'y
présentaient eux-mêmes, pour que la prise de cette
ville par le général russe, le 14 février, ne devînt
peut-être pour Napoléon, par une cause tout-à fait
indépendante de la volonté des généraux Berruyer et
Danloup-Verdun qui la défendaient encore alors même
qu'elle était déjà tombée au pouvoir des ennemis, un
événement bien autrement désastreux que la capitulation du 3 mars ; puisqu'alors l'armée du Nord, jointe
aux corps d'York et de Sacken, se serait portée sur ses
derrières entre la Marne et l'Aisne au moment même
où Napoléon allait se jeter sur Schwarsenberg, et se
serait approchée des portes de Paris, tandis que de son
côté Blucher, replié sur Châlons où il recevait (2) des
renforts assez considérables, opérait entre la Marne et
la Seine une nouvelle pointe sur la capitale, en se
mettant en marche, le 18, de Châlons sur Arcis, comme
on le verra tout à l'heure.

Si cette conversion à droite d'York et de Sacken n'eût
pas eu lieu, peut-être la ville de Soissons n'aurait-elle
pas eu à subir le siège du 2 mars, terminé le 3, par
la capitulation qui ne l'empêcha pas d'être livrée au
pillage pendant trois nuits et deux jours ; ni celui du 5
du même mois, par les Français, qui eut pour résultat

(1) M. Thiers; *Hist. du Consul. et de l'Emp.*, t. 17, p. 335

(2) *Idem*, t. 17, p. 377.

matériel, l'incendie de son Hôtel-de-Ville et l'anéantissement de ses archives municipales et présidiales, sans compter la destruction de plusieurs maisons et établissements particuliers; ni enfin celui du 20 au 31 mars, si glorieux pour les assiégés, dont M. Thiers ne parle pas. Peut-être aussi le département de l'Aisne n'eût-il pas été le théâtre des sanglantes batailles de Craonne et de Laon, et la chûte de l'Empire eût-elle eu lieu vers le milieu de février; mais personne ne peut affirmer les conséquences d'un fait qui ne s'est pas réalisé : l'éventualité de la destruction de l'armée de Blucher sous les murs de Soissons, ne doit-elle pas être de ce nombre ?

Quoiqu'il en soit, l'arrivée en ligne de l'armée du Nord devait avoir fatalement pour résultat le renversement du gouvernement impérial. Le corps de Winzintgerode n'était autre chose, en effet, que l'avant-garde de cette armée commandée par Bernadotte qui, de la Belgique, franchissait en ce moment notre frontière aux environs d'Avesnes. Voici ce que nous apprend le *Moniteur* du 14 mars 1814 sur la situation des armées : « Le plan de campagne de l'ennemi paraît avoir été une espèce de *hourra* général sur Paris. Négligeant toutes les places des Ardennes, Mézières, Rocroi, Philippeville, Givet, Charlemont, Montmédy, Maestricht, Vanloo, Juliers, il a passé par des chemins impraticables pour arriver sur Avesnes et Réthel. » M. Thiers paraît ignorer l'existence de ce passage d'un document émané de l'Empereur. Pour lui, la prise de Soissons, le 14 février, arrêtant Mortier lancé à la poursuite de Sacken et d'York ; que Napoléon, par ses deux lettres du 13 au roi Joseph, avait recommandé avec tant d'instance d'éviter : « Expédiez un courrier à Soissons pour avoir des nouvelles de l'ennemi ; que le commandant de cette ville y tienne jusqu'à extinction;

car si l'ennemi ne peut entrer à Soissons, il va se trouver bien embarrassé. » — « Je vous ai expédié ce matin mon officier d'ordonnance Gourgaud. Si Soissons tient, l'ennemi va se trouver bien embarrassé. Ils auraient voulu se retirer sur Reims : ils ont en vain cherché des chemins. Si le général Berruyer fait son devoir à Soissons, il ne sauront que devenir. A tout hasard, expédiez à Berruyer un officier pour lui recommander de tenir. » (*Mémoires du roi Joseph*, t. 10); cette prise qui provoque sa colère et lui fait ordonner de traduire les généraux Berruyer et Danloup-Verdun devant un conseil d'enquête et qui, enfin, jeta la consternation dans la capitale, cette prise de Soissons le 14 février, dis-je, paraît à M. Thiers, un fait si peu important qu'à peine s'il en parle! Ce n'est point cependant par les débris de deux corps en déroute que Soissons est pris; c'est par l'avant-garde d'une armée dont on ne soupçonnait même pas l'approche; d'une armée qui, par un houra général sur Paris, n'a pas craint de s'avancer à travers nos places fortes, et qui va puissamment contribuer au renversement de Napoléon; puisque c'est elle et non Blucher qui, une seconde fois, s'emparera de Soissons dont la capitulation paraît être, aux yeux de M. Thiers, l'unique cause qui empêchera l'Empereur de « relever miraculeusement sa fortune ! »

Nonobstant les prévisions de l'Empereur consignées dans les deux lettres qu'on vient de lire, l'ennemi en déroute qui venait d'être battu à Château-Thierry avait, grâce à la gelée, trouvé des chemins de traverse praticables depuis Oulchy le-Château jusqu'à Fismes et s'était soustrait à la poursuite du maréchal Mortier, en gagnant Reims, sans que la prise de Soissons par Winzintgerode eût contribué en quoique ce soit à son salut. L'embarras où Napoléon le voyait déjà engagé, n'était donc qu'une illusion de l'Empereur, comme celle qui lui faisait voir Winzintgerode s'enfuyant épouvanté vers les Ardennes : pourquoi n'en serait-il pas de même de ce prétendu coupe-gorge où bientôt il croira que Blucher va se jeter en quittant l'Ourcq pour se rapprocher de l'Aisne ?

Si nous nous en rapportons à l'historien du *Département de l'Aisne en 1814*, M. Ed. Fleury, écrivain consciencieux qui s'appuie constamment sur des documents qu'il a été puiser à bonnes sources : (1) « Le 17 février, le Préfet de l'Aisne était instruit de ces mouvements et écrivait de Noyon au ministre de l'intérieur : « Les nouvelles de Laon annoncent un passage considérable de troupes et l'arrivée du prince de Suède ». Le 22, deux mille hommes de la Landwher étaient arrivés les premiers à Laon où Bulow entra lui-même à la tête de six mille hommes, tandis que 3 à 4 mille de ses soldats se logeaient dans les communes environnantes. A chaque instant on apprenait que de nouvelles colonnes arrivaient encore par le nord du département, se dirigeant la plupart vers Laon, quelques-unes sur Reims; elles appartenaient à Woronzow. Les troupes qui avaient Laon et Soissons pour but étaient prussiennes. Cinquante ou soixante pièces d'artillerie suivaient avec beaucoup de caissons et de bagages. Cette armée que les uns portent à 22 mille hommes, d'autres de 25 à 30 mille, répandait partout sur son passage des proclamations où l'on promettait au nom de Louis XVIII (2), paix, bonheur et sûreté des biens. »

Comment concilier ce récit avec celui de M. Thiers ? De quel côté est la vérité ? M. Fleury ne se contente

---

(1) M. E. Fleury, *le Départem. de l'Aisne en* 1814 ; 2° édit. p. 152 et 153.

(2) Rapport de Bouchard au Ministre de la guerre en date du 22 février *(Arch. du minist. de la guerre)*.

4.

pas d'annoncer l'arrivée à Laon du général Bulow et de son corps d'armée, il nous le montre encore (1) donnant ses premiers soins à l'organisation préfectorale qu'un arrêté du 19 février signé par le comte d'Auxy commissaire général désigné par Winzintgerode, n'avait constitué que provisoirement ; puis, nommant par un arrêté en date de Laon, du 25 février, M. Catineau-Laroche, préfet provisoire de l'Aisne et des Ardennes, en lui transmettant toutes les fonctions que Winzintgerode avait conférées un instant à la commission administrative. L'arrêté du général en chef prussien réglementait aussi la recette des impositions. (2) « Bulow, continue M. Fleury, a nommé un préfet de l'Aisne et des Ardennes qui siège à Laon. Tout à l'heure Blucher créera aussi pour les deux départements un gouvernement militaire qui siégera de même à Laon où les alliés, qui ont apprécié l'importance de la position, s'organisent à la fois administrativement et miltiairement. »

A la date du 22 février, M. Thiers, après avoir raconté 1° la marche de Napoléon de Montereau sur Troyes ; 2° son projet de passer la Seine à Méry et de la repasser ensuite à Troyes pour venir offrir à Schwarzenberg sur sa propre ligne de retraite dont il se serait emparé, la bataille entre Troyes et Vandœuvres ; 3ª l'attaque par les Français du pont de Méry défendu par l'arrière-garde du prince de Witgenstein, et 4ª l'incident d'un incendie éclatant dans cette ville à laquelle les Russes avaient mis le feu qui arrêta nos progrès, la chaleur devenant tellement intense qu'il fallut regagner les bords de la Seine ; M. Thiers, dis-je, ajoute : (3) « Au

---

(1) M. Fleury, *le Départem. de l'Aisne en* 1814, 2ᵉ édit. p. 164.
(2) *Idem.*, p. 166.
(3) M. Thiers ; *Hist. du Consul. et de l'Emp.*, t. 17, p. 375.

« même instant des troupes nombreuses se montrèrent
« en dehors de Méry et on dut renoncer à passer outre.
« Ces troupes qu'on apercevait n'étaient ni les Russes
« du prince de Witgenstein, ni les Bavarois du maré-
« chal de Wrède, qu'il aurait été naturel de rencontrer
« dans cette direction, c'étaient les Prussiens eux-
« mêmes, que, le 15, Mortier poursuivait au-delà de la
« Marne et qui avaient semblé hors de cause pour
« quelque temps. En sept jours ils s'étaient donc ralliés
« et ils étaient revenus, avec qui? Sous la conduite de
« qui? Voilà ce qu'on avait lieu de se demander, et ce
« que Napoléon se demanda en effet avec un juste
« étonnement. » Voyons si ce récit concorde avec les
faits :

Napoléon en quittant, le 14 février, le champ de
bataille de Vauchamps où il venait de battre Blucher
comme il avait battu, les jours précédents, Alsuwieff,
Sacken et d'York, avait cru, il est vrai, avoir achevé la
défaite de l'armée de Silésie; encore ce jour-là il ignorait
l'arrivée de Winzintgerode et la prise de Soissons que
le roi Joseph lui annonça le 15 (1). Le 17 au matin il
avait appris ce fait et, induit en erreur par des rapports
inexacts et exagérés, il croyait voir Winzintgerode
s'enfuyant vers les Ardennes par la route de Soissons à
Neufchâtel. (Voir plus haut pages 32 et 33.)

Mais le 22, en était-il ainsi que M. Thiers le dit?
Les nouvelles sur la situation des armées au 21 février,
insérées au *Moniteur* le 24 et rapportées plus haut (page
33), répondent à cette question. De plus, l'annonce faite
par le préfet de l'Aisne au ministère de l'intérieur, le
17, de la marche sur Laon des corps de Bulow et du
prince de Suède, deva itêtre parvenue à l'Empereur.

---

(1) M. Fleury, *le Départem. de l'Aisne en* 1814, 2ᵉ édit., pag. 143
(voir plus haut p. 28.)

Si quelqu'un peut être surpris et se trouver dans un juste étonnement, ce sont les témoins oculaires des événements de 1814 dans le département de l'Aisne qui, pour la première fois, en lisent le récit dans l'*Histoire du Consulat et de l'Empire*. On a vu plus haut (page 31) quelle confiance l'historien leur accorde et quelle valeur il donne « à leurs mille récits »; il va bientôt les faire pénétrer dans les conseils des coalisés et les initier à leur secret : continuons de le suivre.

(1) « Marmont », dit-il, « après la terrible journée « de Vauchamps s'était arrêté à Etoges. Une pareille « interruption de poursuite de la part des Français « indiquait clairement que Napoléon.... s'était rejeté « sur le prince de Schwarsenberg.... Il n'y avait dès « lors pour l'armée de Silésie qu'un parti à prendre, « c'était de se reporter tout de suite de la Marne sur la « Seine. » Il ne devait donc pas être étonnant, comme le dit **M.** Thiers, de voir les Prussiens se présenter à Méry le 22.

« Ces résolutions prises », continue l'historien, « Blucher n'avait donné à ses troupes que deux jours « de repos et avait envoyé courriers sur courriers au « prince de Schwarzenberg pour l'informer de sa nou- « velle entreprise. L'arrivée de renforts assez considé- « rables l'avaient confirmé dans ses projets. Il n'avait « eu jusqu'ici du corps de Kleist et de celui de Langeron « qu'une moitié à peu près. Le reste de ces deux corps « rejoignait dans le moment même. Le corps de Saint- « Priez, dirigé d'abord sur Coblentz, arrivait aussi, et « le 18, en se mettant en marche de Châlons sur Arcis, « le maréchal Blucher avait reçu en cavalerie et en « infanterie 15 à 16 mille hommes de renfort de manière « que son armée tombée sous les coups de Napoléon de

(1) **M.** Thiers, *Hist. du Consul. et de l'Emp.*, t. 17, p. 376 et 377.

« soixante et quelques mille hommes à 32 mille était
« déjà revenue tout-à-coup à une force de 48 mille
« combattants. »

Malgré ce passage du bulletin inséré au *Moniteur*
du 1er mars 1814 : « On marchait sur les derrières des
restes des corps de Blucher, Saken, York et Kleist, qui
avaient reçu des renforts de Soissons »; c'est-à-dire de
Winzintgerode, M. Thiers ne compte pas ici le corps de
ce général qu'il remplace par celui de Saint-Priez ; car
Winzintgerode que nous savons être depuis six jours à
Reims est, selon lui, à la date du 22, dans les Ardennes
venant du Luxembourg ; ce qui est en opposition avec
cet autre passage du *Moniteur* du 12 mars 1814 :
« L'armée du général Blucher composée des débris des
corps des généraux Sacken, Kleist et York, se retira,
après les batailles de Montmirail et de Vauchamps par
Reims, sur Châlons. L'armée dite du Nord, composée
de quatre divisions russes sous les ordres des généraux
Witzingerode, Woronzow et Strogonow, et d'une division prussienne sous les ordres du général Bulow, rem-
plaçait à Chalons et à Reims l'armée de Silésie. » Quant
au corps de Saint-Priez que M. Thiers fait arriver en
cette occasion le 18 février, il ne parut aux alentours de
Reims que vers le 4 mars : (1) « Le 12 mars, un samedi,
à cinq heures du matin, » dit Géruzez, « la ville est
canonnée et escaladée de tous côtés par l'armée du
général Saint-Priez qui rôdait depuis huit jours autour
de Reims avec quatorze ou seize mille hommes. » C'est
du reste ce que reconnaît aussi M. Thiers :
(2) « Rentré dans Soissons » (après la bataille de
Laon le 11 mars) « que l'ennemi n'avait pas osé garder, »

---

(1) Géruzez ; *Description hist. et statistiq. de la ville de Reims*,
1817, t. 1er, p. 51.

(2) M. Thiers, *Hist. du Consul. et de l'Emp.*, t. 17., p. 486.

dit-il, « il attendait » (Napoléon) « l'œil fixé sur ses
« adversaires, lequel d'entre eux commettrait la faute
« dont il espérait profiter. Il y était depuis 24 heures,
« occupé à donner du pain, des souliers, quelque repos
« à ses jeunes soldats ; lorsqu'un des nombreux enne-
« mis attachés à sa suite vint se placer à portée de ses
« coups. C'était le général de Saint-Priez qui amenait un
« nouveau détachement tiré du blocus des places où il
« avait été remplacé par des milices allemandes. Il était
« venu des Ardennes sur Reims, et avait expulsé de
« cette ville le détachement de Corbineau. »

(1) « Blucher s'était donc remis en route pour
« Arcis » continue M. Thiers, « et ayant appris chemin
« faisant que le prince de Schwarzenberg, replié sur
« Troyes, l'attendait pour livrer bataille, il s'était dirigé
« en ligne droite sur Méry afin d'arriver plus tôt au
« rendez-vous, et de pouvoir tomber dans le flanc de
« l'armée française qu'il supposait à la poursuite de
« l'armée de Bohême. Napoléon rencontrant Blucher à
« Méry sur la rive droite de la Seine, ne devait plus
« songer à s'y jeter lui-même. Napoléon résolut de
« se porter le lendemain 23 sur Troyes, mais tandis
« qu'il recherchait cette bataille, son principal adver-
« saire le prince de Schwarzenberg justement effrayé
« de se trouver en présence de Napoléon qu'il croyait
« à la tête de forces considérables, séparé de Blucher
« qu'il ne savait pas si près, renonçait à la livrer. »

Schwarzenberg pouvait-il, le 22, ignorer la marche
de Blucher qui, avant de partir le 18, lui avait envoyé,
de l'aveu même de M. Thiers, courriers sur courriers
pour l'avertir de son entreprise ? Non sans doute. D'ailleurs M. Thiers ne dit-il pas que Blucher, chemin
faisant, avait appris que Schwarzenberg replié sur

(1) M. Thiers ; *Hist. du Consul. et de l'Emp.*, t. 17, p. 378 et 379.

Troyes l'y attendait pour livrer bataille? Il est inutile
de rapporter ici les raisons (1) qui ont fait reculer ainsi
le généralissime autrichien. (2) « Ces raisons furent
« débattues », dit M. Thiers, « le jour même 22, dans
« un conseil tenu au quartier-général de la coalition.
« Alexandre, naguère si bouillant, n'osait pas devenir
« tout-à-coup l'apôtre de la temporisation, mais il mon-
« trait moins de hauteur de sentiment et de langage.
« Le parti ardent quoique privé de Blucher et de son
« état-major qui étaient à Méry, trouva cependant
« quelques organes, et il fut dit pour son compte que
« reculer était une faiblesse dont l'effet moral serait
« certainement funeste.... Quoiqu'il en soit le parti
« de la modération insista.... Comme l'empereur
« Alexandre appuyait un peu moins le parti de Blucher,
« le prince de Schwarzenberg y fit prévaloir son opi-
« nion et la proposition d'un armistice fut résolue....»
    M. Thiers ne faisant point connaître les motifs de ce
refroidissement apparent de l'empereur Alexandre à
l'égard de Blucher, je me permettrai de hasarder ici une
conjecture.
    Nous avons vu dès les premiers jours de février le
corps de Winzintgerode franchir la frontière vers
Avesnes, se diriger par Vervins et Laon sur Soissons
dont il s'empara le 14 : puis le général Bulow, le suivant
de près, arriver à Laon le 22 où il s'organise administrativement et militairement, et envoie des troupes vers
Soissons, tandis que d'autres colonnes, celles de Woronzow, se dirigent sur Reims. Qui donc avait ainsi dirigé
le général Winzintgerode sur Soissons si à propos pour
le salut d'York et de Sacken et lui avait ensuite inspiré
l'idée de se replier sur Reims pour les y protéger et

---

(1) Voyez les *Hist. du Consul. et de l'Emp.*, t. 17, p. 378 et 379.
(2) M. Thiers ; *idem*, p. 381 et 382.

arrêter ainsi la poursuite du maréchal Mortier ? Est-ce
Bernadote sous les ordres duquel étaient, il est vrai, les
corps de Bulow et de Winzintgerode, mais qui était
absent ? Ou n'est-ce pas plutôt l'empereur Alexandre
présent au quartier-général de la coalition ? N'entrait-il
pas, en effet, dans les vues de l'empereur de Russie et
des autres coalisés, tandis que l'armée de Bohême passait le Rhin vers Bale ; que celle de Silésie le traversait
vers Coblentz et Mayence, de faire franchir aussi notre
frontière à une partie de l'armée du nord aux ordres du
prince de Suède et de la faire manœuvrer entre l'Aisne
et la Marne pendant que le prince Schwarzenberg
opérerait au-delà de la Seine et le maréchal Blucher
entre celle-ci et la Marne? S'emparer de Soissons qui
est la clef de l'Aisne et s'assurer du pont de Berry-au-
Bac, n'était-ce pas donner à ce projet, tardivement
peut-être en ce qui concerne l'armée du Nord, un commencement d'exécution auquel, vraisemblablement, n'a
pas pris part Bernadotte préoccupé de la possession de
la Norvège et à qui Alexandre, son protecteur, avait
pu reprendre facilement le corps de Winzintgerode? La
défaite de Sacken et d'York et leur malencontreuse
retraite d'Oulchy sur Reims, déjouant ainsi les espérances d'Alexandre, n'étaient-elles pas l'un des motifs
de ce refroidissement de l'empereur de Russie pour les
Prussiens ? En effet, ne voit-on pas le général Winzintgerode, faute d'ordres d'Alexandre sans doute, rester
quatre jours immobile à Reims, tandis que Blucher se
porte de Châlons sur Méry où il arrive le 22 à la rencontre
de Schwarzenberg ? Ou bien serait-ce à la demande de
Blucher, au moment où, après avoir franchi le Rhin
le 1er janvier 1814, celui-ci ne se trouvant pas soutenu
sur sa droite entre la Marne et l'Aisne, que l'empereur
Alexandre, ainsi sollicité, aurait demandé à Bernadotte
les corps de Winzintgerode, de Bulow et de Woronzow

pour les diriger sur Soissons et sur Reims? M. Thiers
ne dit rien à ce sujet, cependant il donne à entendre,
comme je vais le faire voir, qu'à l'état-major de Blucher
on était accoutumé à solliciter Alexandre quand on se
trouvait dans un pressant besoin.

(1) « Blucher » dit M. Thiers, « était demeuré entre
« la Seine et l'Aube de Méry à Arcis, avec les 48 mille
« hommes qu'il avait pu réunir, attendant impatiem-
« ment le signal de la grande bataille. Lorsqu'on apprit
« dans son état-major que le généralissime avait aban-
« donné l'idée de livrer cette bataille, et avait même
« rétrogradé jusqu'à Langres, ce fut, comme on l'ima-
« gine aisément, l'occasion d'un déchaînement inouï
« contre les Autrichiens, contre leur faiblesse, leur
« duplicité, leurs arrière-pensées.... Pourtant dans ce
« fougueux état-major prussien, on n'ava d'autre
« autorité pour agir que celle qu'on prenait en déso-
« béissant au roi de Prusse, et bien qu'on fût encore
« très-disposé à user de ce genre d'autorité, on n'était
« pas assez audacieux pour s'aventurer sur Paris avec
« 48 mille hommes. On eut recours au moyen accou-
« tumé, on s'adressa à l'empereur Alexandre qu'on
« avait la certitude d'entraîner en le flattant, et on lui
« dépêcha des émissaires pour lui demander deux
« choses : liberté de mouvements pour l'armée de
« Silésie, et augmentation notable de forces, qu'il était
« facile du reste de lui procurer. »

Par ces mots : « on eut recours au moyen accoutumé:
on s'adressa à Alexandre, » M. Thiers ne fait-il pas
entendre que Blucher s'était déjà adressé à l'empereur
de Russie pour obtenir des renforts? Or, l'arrivée si
opportune de Winzintgerode s'emparant de Soissons le
14 février, ne semble-t-elle pas être le résultat d'un

_____

(1) M. Thiers; *Hist. du Consul. et de l'Emp.*, t. 17, p. 410 et 411.

premier renfort envoyé sur la demande de Blucher pour appuyer la droite de l'armée de Silésie ? Néanmoins le mouvement de conversion à droite, d'Oulchy-le-Château sur Reims, de Sacken et d'York et l'immobilité, à Reims, de Winzintgerode tandis que Blucher se dirige de Châlons sur Méry, ne prouvent-ils pas que le général russe n'était pas, en ce moment, sous les ordres du général prussien (ce qui aurait eu lieu, cependant, s'il avait été précédemment envoyé à Blucher comme renfort); et qu'il avait agi par d'autres ordres : ceux de Bernadotte ou d'Alexandre ? Si, jusque-là, c'était l'empereur de Russie ou Bernadotte qui avait ordonné à Winzintgerode de marcher, est-on autorisé à penser que ce soit à la sollicitation de Blucher ? Je ne le crois pas ; car si la première demande avait été accordée et mise à exécution, la seconde aurait été inutile, puisqu'elles se seraient l'une et l'autre appliquées aux mêmes corps d'armée : ceux de Winzintgerode, de Bulow et de Woronzow que nous avons vu franchissant notre frontière dans les premiers jours de février.

Il est bon de noter ici que cette demande de liberté de mouvements pour l'armée de Silésie et d'augmentation notable de forces adressée, selon M. Thiers, à l'empereur Alexandre par Blucher, aurait été sollicitée à une date postérieure au 22 février, jour où, suivant cet historien, le conseil de la coalition s'assembla et où la proposition d'un armistice fut résolue; postérieure conséquemment à l'arrivée à Méry du corps de Blucher qui, le 22, s'y trouve en face de l'armée française, au grand étonnement, dit M. Thiers, de Napoléon, juste au moment où l'on s'y attendait le moins. Or, on l'a vu plus haut (p. 39 et 49), le 22 février Bulow arrivait à Laon, faisait filer sur Soissons deux colonnes, l'une à Chavignon, l'autre à Pinon, tandis que quelques-unes appartenant à Woronzow se dirigeaient de Laon sur

Reims où Winzintgerode séjournait déjà depuis le 16.
L'armée du Nord, sous les ordres de Bernadotte ou
d'Alexandre manœuvrait donc et se disposait pour marcher sur Paris en passant par Soissons avant que
Blucher songeât à faire auprès d'Alexandre, cette prétendue demande de liberté de mouvements et d'augmentation de forces. La marche de Blucher, partant de
Châlons pour Arcis le 18, avait dû contrarier les projets
d'Alexandre; de là un nouveau motif du refroidissement
qu'il montra, selon M. Thiers, pour les Prussiens dans
le conseil du 22 février. A cette dernière date, de l'aveu
de M. Thiers, les généraux Winzintgerode et Bulow
n'étaient pas sous les ordres de Blucher ; en partant le
18 de Châlons sur Arcis celui-ci n'avait donc pu leur
ordonner de suivre son mouvement.

(1) « Cette augmentation », continue M. Thiers,
« pouvait consister dans l'adjonction des corps de
« Bulow et de Winzintgerode, l'un prussien, l'autre
« russe, qui après avoir laissé dans les Pays-Bas des
« détachements employés au blocus des places, s'avan-
« çaient à travers les Ardennes. Il fallait, il est vrai, les
« retirer à Bernadotte, sous les ordres duquel ils se
« trouvaient, mais on ne manquait pas dans ce moment
« de raisons contre le prince suédois.... La difficulté
« consistait uniquement à priver le jaloux et suscep-
« tible Bernadotte de deux corps qui constituaient la
« meilleure partie des forces placées sous son comman-
« dement. »

Il est superflu, après ce qui précède, de faire remarquer qu'à la date du 23 février qui est celle à laquelle
Blucher a dû, selon M. Thiers, envoyer des émissaires
à Alexandre, les corps de Bulow et de Winzintgerode
ne s'avançaient pas à travers les Ardennes; qu'ils

(1) M. Thiers; *Hist. du Consul. et de l'Emp.*, t. 17, p. 411 et 413.

formaient, avec ceux de Woronzow et de Strogonoff, l'armée dite du Nord alors en ligne de Laon à Châlons et qu'il était inutile de les adjoindre, sous le commandement en chef de Blucher, à l'armée de Silésie pour rendre à celle-ci la liberté de ses mouvements.

La demande de Blucher pourrait donc naturellement paraître au moins intempestive; néanmoins « Alexandre » (1) dit M. Thiers, « écouta ce qu'on lui dit avec beau- « coup de satisfaction et de faveur. Quelques jours « s'étaient écoulés depuis les échecs de Nangis et de « Montereau, et sa vive imagination remise des fortes « impressions qu'elle avait éprouvées, s'enflamma de « nouveau dès qu'on lui montra la perspective d'entrer « dans Paris. Il agréa les propositions de Blucher, « et provoqua un conseil des coalisés pour la mettre en « discussion. Ce conseil auquel assistèrent outre les « trois souverains, MM. de Metternich, de Nesselrode, « de Hardenberg, Castlereagh, le prince de Schwar- « zenberg et les principaux généraux de la coalition, « fut fort animé. Alexandre attaqua l'armistice et le « système de la temporisation, insista sur la nécessité « de pousser vivement la guerre, et déclara que, quant « à lui, il était prêt à la continuer avec son fidèle allié « le roi de Prusse, si ses autres alliés l'abandonnaient, « à quoi l'empereur François répondit en demandant si « on ne le rangeait plus dans le nombre des alliés sur « lesquels on avait raison de compter. »

On conçoit facilement que dans ce conseil, s'il eut lieu, Alexandre dont l'armée de Bernadotte, son protégé, n'avait encore reçu aucun échec et était en ligne de Laon à Châlons s'augmentant chaque jour de nouvelles colonnes et menaçant Paris entre la Marne et l'Aisne après avoir osé franchir la frontière à travers

(1) M. Thiers; *Hist. du Consul. et de l'Emp.*, t. 17, p. 412.

nos places fortes qu'elle avait dédaignées ; on conçoit,
dis-je, que dans ce conseil Alexandre, certain d'avoir
Blucher et les Prussiens de son côté, ait pu avoir la
voix haute; que l'empereur d'Autriche se soit rangé à
sa proposition et que « là-dessus » , comme le dit
M. Thiers, « on se tendit la main, et on convint de la
« nécessité d'agir promptement et vigoureusement ,
« de manière à ne laisser aucun répit à l'ennemi com-
« mun; qu'après quelques explications, on se trouva
« plus d'accord qu'on ne l'espérait » On comprend
aisément que par cet accord unanime Alexandre ait été
mis à la tête du mouvement qu'on allait opérer ; mais
peut-on croire que l'empereur de Russie n'aurait provoqué ce conseil que pour faire donner à l'armée de
Silésie la liberté de ses mouvements et lui adjoindre,
pour lui donner des forces qu'elle n'avait pas, les corps
de Bulow et de Winzintgerode en mettant ceux-ci sous
le commandement de Blucher qui, jusque-là n'avait
éprouvé que des revers ; surtout alors que ces deux
corps n'eussent pu se trouver immédiatement sous la
main de ce généralissime puisque, selon M. Thiers, ils
se trouvaient encore l'un en Belgique, l'autre dans le
Luxembourg, où s'avançaient à travers les Ardennes?
peut-on croire, dis-je, que pour cela il fallût l'inter-
vention de lord Cartlereagh, c'est-à-dire les subsides de
l'Angleterre et qu'Alexandre eût voulu servir de marche-
pied à Blucher pour l'aider à prendre Paris.

Si c'est à la sollicitation de Blucher et de son état-
major qu'Alexandre aurait provoqué la convocation,
comme le dit M. Thiers, d'un conseil des chefs de la
coalition pour attaquer l'armistice et le système de
temporisation qui avaient été adoptés dans celui du 22
février ; c'est moins, selon moi, pour rendre à l'armée
de Silésie la liberté de ses mouvements et pour lui
adjoindre de nouvelles forces, que pour saisir l'occasion

de se mettre à la tête du mouvement que le prince de
Schwarzenberg venait d'abandonner, et s'attirer ainsi
l'honneur de prendre Paris. Ne vit-on pas, en effet,
Alexandre jouer le premier rôle dans la prise de la
capitale, et non point ni Blucher, ni le roi de Prusse?

Je ne suivrai pas M. Thiers dans les diverses considérations (1) qu'il énumère au sujet de ce conseil des
chefs coalisés pour lever cette prétendue difficulté qui
ne me parait pas avoir existé, puisque Winzintgerode
qui avait franchi la frontière dans les premiers jours de
février (2) faisait répandre à foison par ses troupes
partout sur leur passage, une proclamation qu'il avait
fait imprimer à Namur, annonçant aux habitants de la
France l'arrivée du prince de Suède le suivant avec
toute son armée ; puisque dès le 14 février Winzintgerode s'était trouvé en ligne pour soutenir l'armée de
Silésie et que l'arrivée de Bernadotte et du corps de
Bulow, signalée en outre au ministre de l'intérieur par
le préfet de l'Aisne dès le 17 février, l'était aussi par
des (3) proclamations du prince de Suède et du général
Bulow aux Français, la première datée du quartier-
général de Bernadotte à Avesnes le 23 février 1814, et la
seconde du quartier-général de Bulow à Laon du lendemain 24; c'est-à-dire au moment même où la convocation
de ce conseil aurait été provoquée par Alexandre à la
sollicitation de Blucher.

Cette troisième armée, dite du Nord, opérant en ce
moment sous les ordres de son généralissime qu'on
annonçait arrivant en personne et qui, conséquemment
(4) « s'il s'était déjà plaint, avait même proféré des

(1) Voyez ces considérations, t. 17, p. 411 à 416.
(2) M. Edouard Fleury; Le Département de l'Aisne en 1814, 2ᵉ
édit., p. 77.
(3) Idem; 2ᵉ édit., p. 161, et suiv.
(4) M. Thiers; Hist. du Consul. et de l'Emp., t. 17, p. 413

« menaces », comme le dit M. Thiers, « parce qu'on ne
« semblait pas estimer assez haut ses services, et avait
« laissé entrevoir qu'il pourrait bien rentrer dans sa
« tente et s'y croiser les bras » n'avait pas mis ses menaces à exécution ; cette troisième armée, dis-je, n'avait
donc pas besoin d'être disloquée pour satisfaire l'ambition du général prussien dont les vues n'étaient pas
plus avantageuses pour la coalition que celles attribuées,
selon M. Thiers, par les Prussiens à Bernadotte : (1)
« d'user toujours de ses forces dans des vues person-
« nelles pour se faire, par exemple, empereur des
« Français, s'il pouvait du trône de Suède s'élancer sur
« celui de la France. » L'armée du Nord étant alors en
ligne prête à agir de concert avec l'armée de Silésie,
on n'avait donc rien à demander ni à Alexandre, ni
au jaloux et susceptible Bernadotte, ni aux subsides
de l'Angleterre.

M. Thiers vient de raconter que Blucher et son état-
major, bien qu'ils fussent encore très-disposés à déso-
béir au roi de Prusse, n'étaient pas assez audacieux
pour s'avancer sur Paris avec 48 mille hommes et qu'ils
avaient eu recours à Alexandre pour qu'on leur laissât
leur liberté d'action et qu'on les renforçât des corps de
Bulow et de Winzintgerode ; il va maintenant dire : (2)
« A peine Blucher et ses conseillers eurent-ils appris la
« résolution adoptée de les laisser libres et de les ren-
« forcer de 50 mille hommes, qu'ils conçurent de nou-
« veau l'ambition, qui déjà leur avait été funeste,
« d'entrer les premiers dans Paris. Ils examinèrent à
« peine s'il ne vaudrait pas mieux, avant d'entreprendre
« ce nouveau mouvement offensif, attendre la jonction
« des 50 mille hommes qu'on leur destinait, et ils pri-

(1) M. Thiers, *Hist. du Consulat et de l'Empire*, t. 17, p. 411.
(2) *Idem.*, t. 17, p. 423.

« sur-le-champ le parti de se porter en avant, mais en
« obliquant légèrement à droite, c'est-à-dire en se diri-
« geant vers la Marne, où ils devaient rejoindre un peu
« plus promptement Bulow et Wintzingerode qui étaient
« en marche, l'un vers Soissons, l'autre vers Reims.
« Dans leur fiévreuse impatience, ils aimaient mieux
« les rallier chemin faisant, quelque danger qu'il pût
« résulter de leur marche isolée, que les attendre dans
« le voisinage du prince Schwarzenberg, où les armées
« de Silésie et de Bohême pouvaient se prêter un
« secours mutuel. »

D'après l'opinion de M. Thiers qui représente les
généraux Winzintgerode et Bulow encore très-éloignés,
marchant à travers les Ardennes l'un sur Reims, l'autre
sur Soissons; tandis qu'en réalité le premier stationne
depuis le 16 à Reims (1) où l'on « faisait afficher sa proclamation avec celles de Blucher et de Bernadotte, et
où « l'on montrait secrètement celle de Louis XVIII ; »
et que le second est arrivé à Laon depuis le 22, ce que
Blucher n'ignorait pas ; on comprend que notre historien critique cette entreprise du général prussien ; mais
il ne réfléchit sans doute pas qu'avant de le joindre les
généraux Winzintgerode et Bulow (qu'ils agissent par
les ordres de Blucher ou par ceux d'Alexandre ou de
Bernadotte) devaient, chemin faisant, s'emparer de
Soissons dont l'état de défense ne pouvait pas les arrêter
plus d'un jour ou deux et qu'ils ne devaient pas
laisser derrière eux au pouvoir des Français; que les
attendre à Méry c'était donner aux maréchaux Marmont
et Mortier la liberté de se porter sur Soissons au secours
de la garnison insuffisante et à Napoléon le temps de

_____

(1) Géruzez, *Descript. hist. et statist. de la ville de Reims*, t. 1er,
p. 48.

se reporter sur Meaux pour couvrir la capitale. (1) « Quoi-
» qu'il en soit » , continue M. Thiers , « le 24 février ,
« Blucher qui s'était porté jusqu'à Méry, repassa l'Aube
« à Anglure, et se mit en route pour Sézanne. Sentant
« confusément le danger de cette marche, il fit dire
« au prince de Schwarzenberg qu'il allait pour le déga-
« ger s'exposer à bien des périls, et qu'il le priait ins-
« tamment, aussitôt qu'il serait débarrassé de la pré-
« sence de Napoléon , de se reporter en avant pour
« rendre à l'armée de Silésie le service que l'armée de
« Bohême allait en recevoir. »

Puisque Blucher sentait tout le danger de son entreprise, il en avait donc pesé toutes les conséquences et
avait dû prendre toutes ses précautions. Puisqu'il avait
prévenu le prince Schwarzenberg, il avait donc dû aussi
s'entendre avec les généraux Winzintgerode et Bulow ;
ce qui doit être incontestable, s'il avait réellement demandé et obtenu l'adjonction, sous son commandement,
de ces deux corps. En effet on trouve dans un recueil
publié par un historien prussien , en 1824 : (2) « Le
« même jour 28 février, le général Bulow fut invité par
« le général de Blucher de se porter en avant afin de
« gagner la route de Soissons à Paris. » Une invitation
n'étant pas un ordre, ce passage ne prouve-t-il pas que
les corps de Bulow et de Winzintgerode n'étaient pas
sous les ordres immédiats de Blucher? D'un autre côté,
ne voit-on pas effectivement Bulow (3) qui, dès le 23,
avait envoyé vers Soissons deux détachements l'un à
Chavignon, l'autre à Pinon, partir le 1er mars dans la

---

(1) M. Thiers ; *hist. du Cons. et de l'Emp.* t. 17 p. 424.

(2) Recueil de plans de combats et batailles livrés par les armées
prussiennes pendant les années 1813, 1814 et 1815. Cahier 3e 1824.
— M. Fleury ; *le Département. de l'Aisne en 1814*; 2e édit. p. 196.

(3) M. Fleury, *idem*, p. 193 et 205.

journée pour Soissons ? A Reims, ne voit-on pas (1) les soldats de Winzintgerode, deux ou trois jours avant leur départ, travailler à faire des échelles destinées au siége de Soissons, et le 1er mars le (2) général russe s'achemi- ner sur Fismes prenant d'un côté par Braine la route de Soissons qu'il va assiéger conjointement avec Bulow ; et de l'autre par Fère-en-Tardenois celle de La Ferté- Milon pour aller renforcer Blucher ? Ils se mettaient en marche, il est vrai, quatre jours après Blucher, parti de Méry le 24 et marchant sur Sézanne où se trouvait le maréchal Marmont ; mais avant de mettre l'avis de Blu- cher à exécution ou de se rendre à son invitation, ne fallait-il pas, — si réellement ils ne se trouvaient pas sous son commandement immédiat, — en référer au généralissime Bernadotte ou à Alexandre ? C'est surtout dans ce cas qu'aurait été blâmable l'entreprise de Blu- cher se mettant en marche sans être certain d'être sou- tenu, d'un côté, par le prince Schwarzenberg et de l'au- tre, par les généraux Bulow et Winzintgerode. Ce qui paraît prouver que Blucher avait aussi averti ceux-ci de son projet, et qu'il comptait sur leur coopération, c'est le soin qu'il prend de se rapprocher de la Marne pour se joindre plus promptement à eux ; car il savait bien, lui, que l'un était à Laon et l'autre à Reims.

Le 26 au matin Blucher voyant Marmont allant à la Ferté-sous-Jouarre de préférence à Meaux, ce qui l'éloi- gnait de Paris, ne pût-il pas croire que Marmont, étant appelé par Mortier qui était à Château-Thierry, les deux maréchaux manœuvraient pour secourir Soissons que Bulow et Winzintgerode devaient peut-être, à ses yeux, attaquer en ce moment ; ou pour couvrir la route de

---

(1) Géruzez, *Descrip. hist. et statist. de la ville de Reims*, t. 1er, p. 48, voir plus haut p. 38.

(2) M. Fleury ; *le Départ. de l'Aisne en 1814*, 2e édit., p. 205.

Soissons à Paris, si ceux-ci s'avançaient par la Ferté-Milon sans passer par Soissons ; car Bulow ne pouvait-il pas aussi bien faire sa jonction avec Winzint-gerode en passant par Berry-au-Bac ou par Vailly que par Soissons ? (on verra plus loin la réponse à cette question). Cette considération a pu arrêter un instant Blucher ne sachant s'il devait tomber sur leurs derrières ou se diriger sur Meaux : ce qui expliquerait les (1) grands doutes où M. Thiers dit qu'il tomba à la vue de cette marche de Marmont. Mais, le 27, ayant appris que les deux maréchaux réunis se dirigeaient sur Meaux, il se hâta, comme le dit M. Thiers, de réparer le temps perdu : (2) « Il dirigea Sacken par sa gauche « sur Meaux même et poussa Cleist droit devant lui sur « Sammeron, pour y franchir la Marne au moyen d'un « équipage de pont » (circonstance importante que j'opposerai tout à l'heure à M. Thiers) « qu'il traînait à sa « suite, pour intercepter aux maréchaux la route de « Paris sur l'une et l'autre rive de la Marne et se cou- « vrir de cette rivière dans le cas fort probable où Na- « poléon abandonnerait l'armée de Bohême pour courir « après celle de Silésie. »

Peu s'en fallut en effet que Blucher ne réussît, et la capitale avait été encore une fois gravement compromise : elle dut son salut à un quart d'heure de retard.

Ayant échoué dans cette entreprise l'armée de Silésie, pour se garantir de Napoléon accourant sur ses pas, « n'eut d'autre parti à prendre » dit le bulletin inséré au *Moniteur* du 12 mars 1814 « que de passer la Marne. Elle jeta trois ponts » (circonstance qu'il faut noter en passant) et se porta sur l'Ourcq. M. Thiers, de son côté, dit que (2) Blucher qui avait fini par entrevoir le

(1) M. Thiers, *hist. du Cons. et de l'Emp.* t. 17, p. 425.
(2) M. Thiers, *hist. du Cons. et de l'Emp.* t. 17, p. 426.

« danger de sa position, n'avait pas déployé pour s'en
« tirer la célérité que conseillait la plus simple pru-
« dence. Il avait d'abord voulu mettre la Marne entre
« Napoléon et lui, avait passé cette rivière à la Ferté-
« sous-Jouarre dont il était maître depuis la retraite de
« Marmont et de Mortier, avait détruit le pont de cette
« ville, et était venu s'établir le long de l'Ourcq, pour
« essayer de forcer la position des deux maréchaux,
« pendant que Napoléon, contenu par la Marne, serait
« obligé de le regarder faire. C'était là une grande
« imprudence », ajoute M, Thiers, « car la Marne ne
« pouvait pas arrêter Napoléon plus de trente-six heures,
« et si, pour des tentatives infructueuses, Blucher se
« laissait attarder sur les bords de l'Ourcq, il s'exposait
« à être pris à revers, et acculé entre la Marne et l'Aisne
« dans un véritable coupe-gorge.... Néanmoins il
« s'obstina, et perdit la journée entière du 2 à tâter la
« ligne de l'Ourcq, pour voir s'il ne pourrait pas battre
« les maréchaux sous les yeux mêmes de Napoléon
« arrêté par l'obstacle de la Marne. Ayant rencontré une
« vaillante résistance sur tous les points de l'Ourcq, il
« prit enfin le parti de décamper le 3 au matin pour se
« rapprocher de l'Aisne, et se réunir ou à Bulow qui
« arrivait par Soissons, ou à Wintzingerode qui arrivait
« par Reims. »

(Notons en passant que les deux dates données ici
par M. Thiers sont inexactes : je le prouverai dans la
deuxième partie).

J'ai rapporté sommairement ici la marche de Blucher
de Méry sur Meaux et sur l'Ourcq quoique étrangère
aux questions que je discute, d'abord parce qu'elle est
le point de départ de celle qu'il va exécuter sur Soissons,
et ensuite pour faire remarquer que l'armée de Silésie
qui traînait avec elle, comme on l'a vu, un équipage de
pont, ayant pu, en jetant trois ponts sur la Marne, se

soustraire aux atteintes de Napoléon et arrêter sa marche pendant trente-six heures, elle pouvait très-bien par le même moyen (abstraction faite des corps de Bulow et de Winzintgerode), s'en garantir encore sur l'Aisne sans même être en possession du pont de Soissons ; et qu'en réalité, en quittant l'Ourcq, elle n'allait pas se trouver dans un coupe-gorge comme l'a cru Napoléon trompé par des rapports inexacts et comme l'ont dit des écrivains mal renseignés ou prévenus par un esprit de parti sans tenir compte des ressources qu'offraient à Blucher son équipage de pont et la présence sur la rive gauche de l'Aisne, du corps de Winzintgerode secondé sur la rive droite de celui de Bulow, qui tous deux se portaient à sa rencontre.

Me voici arrivé à la fin de février 1814 et de la première partie de mon travail. Les développements qu'elle contient me paraissent plus que suffisants pour que l'on puisse apprécier impartialement de quel côté se trouve la vérité historique.

DEUXIÈME PARTIE.

Du 19 Février au 15 Avril 1814.

La possession d'un équipage de pont était, pour le salut de l'armée de Silésie un point essentiel que ceux, qui l'ont crue tombée dans un coupe-gorge ont trop négligé. Napoléon savait très-bien apprécier les avantages de cette ressource comme on peut le voir par la lettre qu'il écrivit de La Ferté-sous-Jouarre au roi Joseph : (1) « Le 2 mars, il annonce au roi Joseph que le passage sera libre vers minuit et qu'il se mettra sur l'heure à la poursuite de l'ennemi que tous les rapports lui présentent « comme très-embarrassé dans les boues, et dont il espère avoir un bon résultat. » Il veut qu'on lui envoie de Paris et de suite un équipage de pont : « C'est mon plus grand besoin », dit-il, « car l'armée de Schwarzenberg eût été détruite si j'avais eu un équipage à Méry ; ce matin, j'aurais détruit Blucher si j'en avais eu un. » M. Thiers le reconnaît lui-même à la date du 19 mars 1814, en parlant des manœuvres qui précédèrent la bataille d'Arcis-sur-Aube : (2) « Letort « sabra, dit-il, quelques centaines d'hommes, et opéra « une capture d'une grande valeur, celle d'un équipage « de pont appartenant à l'armée de Bohême. Si un mois « auparavant Napoléon avait eu cet instrument de « guerre, il se serait peut-être débarrassé de tous ses « ennemis. On venait de lui en envoyer un de Paris, « mais il était si lourd qu'il était impossible de s'en « servir. Il fut donc enchanté d'en acquérir un bien « construit, léger et facile à transporter. »

(1) Mémoires du roi Joseph — M. Fleury ; *le Départ. de l'Aisne en* 1814, 2ᵉ édit., p. 204.
(2) M. Thiers ; *Hist du Consulat et de l'Emp.*, t. 17, p. 523.

Outre l'équipage de pont dont Blucher était en possession et le secours qu'il pouvait recevoir de la présence,
sur la rive gauche de l'Aisne, du corps de Winzintgerode, il est certain que Bulow eût pu faire sa jonction
avec celui-ci sans prendre Soissons et aurait pu non-
seulement se joindre à Winzintgerode pour secourir
l'armée de Silésie ; mais encore il a pu fournir la ressource d'un pont et même de deux sans celui de Berry-
au-Bac, ni sans le bac de Vailly trop éloignés de Soissons et de son armée.

(1) Napoléon n'eût pas eu affaire qu'aux mauvaises
« troupes de pied de l'armée prussienne » dit M. Fleury ;
« il les eût trouvées doublées de l'armée russe de Winzintgerode, et à même de se renforcer encore des soldats
de Bulow qui tenaient l'Aisne à Vailly, communiquaient librement d'une rive à l'autre et seraient
accourus aubruit de la bataille. Bulow n'avait même
pas besoin d'aller chercher un passage à Vailly. Il avait
trouvé à Lafère un matériel de pontons à l'aide duquel
il avait établi à Vénizel un pont volant, pendant la nuit
du 2 au 3, peut-être même dans la journée du 2, si
nous en croyons un témoin oculaire qui n'a point d'intérêt à falsifier les dates et à tromper l'histoire. Charles
de Pougens, dans ses mémoires, raconte, en effet, que le
2 mars six mille cosaques envahirent et pillèrent le
village de Vauxbuin qu'habitaient l'érudit aveugle et sa
famille. Le comte de Woronzow s'était logé au château
de Vauxbuin..... M. de Pougens écrivit à Woronzow
pour lui demander une sauve-garde qui lui fut envoyée
sur l'heure. Pour que Woronzow, arrivé le matin de
Laon avec Bulow pût être campé avec ses six mille

(1) M. Fleury, le Départem. de l'Aisne en 1814, 2. édit., p. 207,

cosaques sur la rive gauche de l'Aisne, il fallait que le
pont fut déjà construit. » (1)

J'avoue que ce témoignage de M. de Pougens ne me
paraît pas décisif. Pour qu'il le fût il faudrait prouver
que Woronzow arrivait effectivement de Laon avec
Bulow; or, à la date du 22 février, M. Fleury nous
montre, comme on l'a vu plus haut (p. 39 et 49) des
colonnes appartenant à Woronzow s'acheminant de
Laon sur Reims; il ne dit pas, il est vrai, que Woronzow soit à leur tête. (2) Géruzez, historien de Reims,
témoin oculaire ne dit pas un mot de Woronzow; il ne
parle que de 150 cosaques venus du nord le 6 février
séjournant à Reims pendant quinze jours, et de l'armée
de Winzintgerode arrivée le 16 du même mois à 6 heures
du soir et repartant le 1er mars pour aller de nouveau
assiéger Soissons. D'un autre côté on trouve dans le
bulletin inséré au *Moniteur* le 12 mars que pendant le
mois de février « l'armée dite du Nord, composée de
quatre divisions russes sous les ordres des généraux
Winzintgerode, Woronzow et Strogonof et d'une division prussienne sous les ordres du général Bulow, rem-
plaçait à Châlons et à Reims, l'armée de Silésie. » On a
vu néanmoins que Bulow était resté à Laon : Woronzow
y était-il aussi ? M. Fleury le dit d'après le rapport du
général Moreau sur la reddition de Soissons : (3) « Le
2 mars », dit-il, « à neuf heures du matin et à la fois
par les routes de Laon, de Coucy, de Reims, de Fère-
en-Tardenois, d'Oulchy et de Paris les alliés apparurent.
A dix heures les Prussiens de Bulow et les Russes de
Woronzow avaient envahi la plaine de Crouy. » Voici
encore ce qu'on trouve dans l'histoire des victoires et

---

(1) M. Leroux; (*Hist. de Soiss.*, t. 2, p. 416) parle aussi d'un pont
volant construit au-dessus du village de Vénizel.

(2) Géruzez; *Descript. hist. et statist. de la ville de Reims*, 1817,
t. 1er p. 46, 47 et 48.

(3) M. Fleury. *le Départ. de l'Aisne en* 1814; 2e **édition**, p. 217

conquêtes; (1) « Ce même jour (26 février), le général Bulow reçut l'ordre de Blucher d'opérer sa jonction sur l'Aisne, avec le corps de Winzintgerode, qui avait opéré la sienne à Reims, avec celui du comte Woronzow, détaché de l'armée du Nord ; et dès le lendemain, toutes ces forces réunies se portèrent sur Soissons pour s'y réunir au feld-maréchal. » D'après cette dernière version Woronzow n'aurait pas été uni à Bulow sur la rive droite de l'Aisne, mais aurait fait partie du corps de Winzintgerode et se serait trouvé avec lui sur la rive gauche.

Je ne puis assurer que des Russes fussent joints aux Prussiens de Bulow, car les ennemis placés sur la rive droite de l'Aisne n'entrèrent pas en ville. D'ailleurs porter une partie de ses troupes, au moyen d'un pont volant établi à Vénizel, de la rive droite de l'Aisne sur la rive opposée, au moment même où les têtes de colonnes de l'armée de Blucher commençaient à déboucher dans la vallée de Soissons, n'aurait-ce pas été, de la part de Bulow dont le but, en construisant des ponts, devait être de faciliter à cette armée le prompt passage de l'Aisne, agir en sens inverse de ses intentions, rendre l'encombrement sur la rive gauche plus grand, le passage plus long, se jeter enfin, sans nécessité, dans le soi-disant coupe-gorge ?

Il me paraît plus probable que partis de Reims avec le corps de Winzintgerode, ces six mille cosaques furent employés, dans la journée du 2 mars, à faire de fortes reconnaissances sur la gauche de ce corps et que, leur mission terminée, ils vinrent le soir occuper le village de Vauxbuin et ses environs.

(1) *Victoires, conquêtes, revers et guerres civiles des Français de 1792 à 1815. Par une société de militaires et de gens de lettres.* Paris, Panckoucke, 1821, t. 23, p. 135 et 136.

Je n'assurerai pas non plus, ne l'ayant pas vu, que Bulow eût construit un pont à Vénizel ; mais je puis affirmer qu'il en fut construit un entre Saint-Médard et le faubourg Saint-Crépin à une très-petite distance de la ville (1). Retournons à Blucher que nous avons laissé sur l'Ourcq.

On a vu à la fin de la première partie que, suivant le récit de M. Thiers, Blucher était décampé le 3 mars au matin pour se rapprocher de l'Aisne ; voici ce qu'on lit dans le bulletin inséré au *Moniteur* du 12 mars 1814 :

Le général Kleist passa l'Ourcq et se porta sur Meaux, par Varède. Le duc de Trévise le rencontra le 28 en position au village de Gué-à-Tresmes, sur la rive gauche de la Thérouanne. Il l'aborda franchement..... L'ennemi a été poussé l'épée dans les reins pendant plusieurs heures.... dans le même temps, l'ennemi avait passé l'Ourcq à Lizy. Le duc de Raguse le rejeta sur

---

(1) « Ce pont, dont aucun auteur n'a parlé jusqu'à ce jour, était situé à 265 mètres environ au-dessous du chemin de Saint-Médard à la rivière appelé *le chemin de l'abreuvoir*. (Cette mesure est prise du milieu de la largeur du chemin au milieu de celle de la tranchée du pont.) Je dis *environ* parce que chaque année le lit de la rivière varie un peu vis-à-vis l'île de Milempart, et qu'en mesurant on peut en suivre plus ou moins la rive tortueuse. On voit encore en cet endroit des vestiges de la tranchée faite par les ennemis dans le chemin de halage pour faciliter le passage des troupes ; les mêmes vestiges existent en face sur la rive opposée..... Pour mieux indiquer sa position ; si des jardins situés entre l'église de Saint-Germain et les bâtiments de l'ancienne abbaye de Saint-Crépin-le-Grand, dont ces jardins dépendaient, on traçait une ligne droite se dirigeant sur la ferme de Saint-Médard, qui est la maison la plus rapprochée du faubourg Saint-Waast, cette ligne couperait l'Aisne à l'endroit où fut placé ce pont. » (Ces deux passages sont extraits de mes *souvenirs de 1814*, manuscrit contenant des renseignements inédits, adressés par moi à M. Ed. Fleury en avril, mai et juin 1858 destinés à rectifier sa première édition de *le Département de l'Aisne en 1814* qu'il venait de publier.)

l'autre rive. Le mouvement de retraite de l'armée de Blucher fut prononcé. Tout filait sur La Ferté-Milon et Soissons. » Ainsi, d'après la feuille officielle, l'armée de Silésie, filait le 1ᵉʳ mars sur La Ferté-Milon et se dirigeait sur Soissons. Si ce témoignage ne suffit pas contre l'assertion de M. Thiers, en voici encore d'autres :

(1) « C'est à Jouarre le 1ᵉʳ mars », dit l'historien du *département de l'Aisne en 1814*, « que l'Empereur reçoit pour la première fois des nouvelles du corps d'armée français qui défend l'Ourcq à Lizy et qu'une franche attaque de Blucher eût jeté, les jours précédents, dans de si grands dangers. Le maréchal Marmont écrit à l'Empereur que l'ennemi, après les deux combats de Gué-à-Tresmes et de Lizy, remonte l'Ourcq dans la direction de La Ferté-Milon. L'avant-garde doit avoir dépassé déjà cette ville avec une nombreuse cavalerie, mais toutes les forces ont suivi. De la position que les maréchaux occupent sur la rive gauche de l'Ourcq, ils ont vu filer toute cette armée dont le chiffre doit être considérable, surtout en cavalerie qui ne comporte pas moins de dix mille hommes, écrivait Marmont au ministre de la guerre le même jour 1ᵉʳ mars, en lui rendant compte des événements qui se passaient sur l'Ourcq.....
(2) Le duc de Feltre n'était pas suffisamment renseigné sur les forces de Blucher qui venait de défiler sous les yeux de Marmont et de Mortier.... » continue le même historien ; « si Blucher a pris la traverse de La Ferté-Milon au lieu d'aller passer la Marne à Château-Thierry, écrivait le duc de Feltre à Marmont le 1ᵉʳ mars, il faut que son armée soit bien inférieure au nombre de 30 mille hommes qu'il accuse. Comment s'il les possède

(1) M. Fleury, *le Départem. de l'Aisne en* 1814, 2ᵉ édit., p. 199 et 200.

(2) *Idem*, 2ᵉ édit., p. 200 et 201.

réellement n'aurait-il pas fait face au prince de la Moskova qui le suit ? En se retirant par La Ferté-Milon ce qui va le porter droit à Soissons, le général prussien ne doit pas ignorer que cette ville n'appartient plus à Winzintgerode, qu'elle est occupée par une garnison française, que ses portes lui seront fermées.,.. La marche par La Ferté-Milon est donc « une étrange manœuvre, » disait le ministre, « il doit y avoir beaucoup de confusion parmi les ennemis. » Aussi suppose-t-il dans sa lettre que le général Marmont aura attaqué ce jour-là même, 1er mars, l'armée en marche et que le dégel aidant, il lui aura fait beaucoup de mal et lui aura « enlevé tout ou partie de son artillerie. »

Puisque le général prussien s'acheminait le 1er mars sur La Ferté-Milon sans se retourner sur le prince de la Moskova, c'est qu'il savait qu'il n'avait pas de temps à perdre et que s'il attendait davantage, Napoléon ayant raccomodé le pont de La Ferté-sous-Jouarre, le couperait des corps de Winzintgerode et de Bulow; et c'eût été réellement alors qu'il aurait pû être pris dans un véritable coupe-gorge ; mais partant le 1er mars il avait encore sur Napoléon et sur ses maréchaux deux jours d'avance : c'est ce que M. Thiers n'admet pas ; voilà pourquoi il ne le fait partir des bords de l'Ourcq que le 3.

« L'Empereur partit de La Ferté=sous-Jouarre le 3 » ; dit le *Moniteur* du 12 mars 1814 ; « Son avant-garde fut le même jour à Rocourt. Les ducs de Raguse et de Trévise poussaient l'arrière-garde ennemie; ils l'attaquèrent le 3 à Neuilly-Saint-Front. »

Après avoir retardé jusqu'au 3 mars le départ de Blucher, M. Thiers fait passer la Marne dans la nuit du 2 au 3, à Napoléon poursuivant ainsi son ennemi avant

même le moment du départ qu'il assigne à celui-ci
(1). Se fiant en cette occasion au témoignage d'obscurs
témoins oculaires, de paysans, il nous représente l'armée
prussienne dans le plus piteux état. C'est effectivement
ainsi que, sur les rapports inexacts qu'il recevait, Napoléon voyait les choses autrement qu'elles n'étaient réellement ; mais cela n'oblige pas l'historien à prendre ces
rapports pour vrais. (2) Ainsi le 1ᵉʳ mars Napoléon écrivait de Jouarre au roi Joseph : « Toutes les conversa-
tions qui me reviennent des officiers de l'armée de
Blucher blâmaient son opération et le traitaient de
fou. » Evidemment la lettre qu'il écrivait le même jour,
probablement au même instant au duc de Raguse pour
lui donner l'ordre de se jeter sur l'ennemi en déroute,
se ressent des mêmes préoccupations, des mêmes
influences ; car voici la réponse que Marmont lui adressait de May. elle mérite une attention sérieuse :

« May, le 1ᵉʳ mars 1814.

« Sire, j'ai reçu la lettre que Votre Majesté m'a fait
l'honneur de m'écrire.

Les choses étant tout autres que l'Empereur les suppose, la conduite que nous avons à tenir est toute diffé-
rente. Voici quelle est notre situation ; l'affaire d'hier
(celle de Gué-à-Tresmes) a donné un grand résultat en
ce qu'elle a forcé l'ennemi à renoncer à se porter sur
Meaux et au contraire à se porter sur La Ferté-Milon.
Si nous n'avions pas, hier au soir, attaqué et culbuté
l'ennemi, ses troupes légères seraient aujourd'hui aux
barrières de Paris, et nous aurions eu une très-mau-
vaise affaire aux environs de Meaux. Au lieu de cela,
l'ennemi a perdu toute cette journée, puisque nous l'a-

---

(1) Voir l'hist. du Consul. et de l'Emp. t. 17, p. 437, 441.
(2) M. Fleury ; le Départem. de l'Aisne en 1814 ; 2ᵉ édit. p. 201
et 202. — Mém. du duc de Raguse.

vous constamment en vue et en présence et qu'il n'a fait que très-peu de chemin pour gagner La Ferté-Milon, quoique sa direction soit bien décidée.... etc. »

(1) « Evidemment, ce n'est pas là un ennemi qui fuit en désordre » ajoute l'historien auquel je viens d'emprunter ce document ; « c'est un ennemi qui se retire et qui manœuvre. Certaines circonstances de terrain et de température lui sont défavorables ; mais il n'a pas couvert les chemins de ses bagages et de ses traînards, comme l'avancent certains historiens qui se copient les uns les autres, qui acceptent sans contrôle des idées toutes faites, des traditions erronées. »

L'activité que met Napoléon à rétablir le pont de La Ferté-sous-Jouarre, l'impatience qu'il éprouve d'être arrêté et de ne pouvoir s'élancer sur son ennemi, démontrent clairement que la tentative de passer l'Ourcq n'était pas, de la part de Blucher, une aussi grande imprudence que M. Thiers le dit ; puisqu'après son échec il lui restait encore deux jours d'avance sur Napoléon et sur ses maréchaux ; et que s'il eût réussi il ne lui eût pas fallu trente-six heures pour se trouver aux portes de Paris. C'est en vain que dans sa fébrile impatience Napoléon (2). « Le 2 mars annonce au roi Joseph que le passage sera libre vers minuit et qu'il se mettra sur l'heure à la poursuite de l'ennemi que tous les rapports lui représentent « comme très-embarrassé dans les boues » et dont il espère avoir « bon résultat. » C'est en vain qu'à six heures du soir dans l'ordre qu'il envoie à Marmont de se mettre de son côté à la poursuite de Blucher, Berthier lui écrit : (3) « Monsieur le duc de Raguse, je vous préviens que l'armée passera cette nuit la

(1) M. Fleury ; *le départ. de l'Aisne en* 1814 ; 2ᵉ édit. p. 203.

(2) *Idem*, 2ᵉ édit. p. 204.

(3) *Idem*, p. 205.

Marne. » Le pont de La Ferté-sous-Jouarre ne fut réparé
que le 3 mars à dix heures du matin, moment exact où
la cavalerie française commença à passer la Marne pour
s'élancer à la poursuite de Blucher qui avait tant d'a-
vance sur elle. » C'est une heure avant ce moment et
après quatorze heures d'une attaque acharnée et d'une
défense héroïque que la capitulation de Soissons était
signée ; c'est six heures après ce commencement du
passage de la Marne par l'armée française que doit
commencer, à quatre heures du soir, celui de l'Aisne
par l'armée de Silésie qui va s'emparer de tous les plateaux de la rive droite de cette rivière depuis Soissons
jusqu'à Berry-au-Bac.

(1) « Il est un document », dit encore M. Fleury,
« dont personne ne contestera sans doute pas la haute
valeur de démonstration. C'est une lettre écrite par le
duc de Raguse le 2 mars, en réponse à celle où le
ministre de la guerre lui faisait part de ses illusions sur
le désordre des troupes de Blucher, sur le parti qu'on
pourrait tirer de cette débandade prétendue, sur l'infé-
riorité numérique et probable de cette armée dont le
chef accomplissait une si «étrange manœuvre. » Marmont réfute chacune des idées du ministre, il lui dit ce
qu'il a vu de ses propres yeux.... Cette lettre, écrite sur
le théâtre même de l'action, ne l'a point été pour les
besoins d'une justification..... Les événements et les
faits qui s'accomplissent l'ont seule inspirée. Elle présente donc tous les caractères d'honnêteté, de vérité,
d'impersonnalité qui peuvent forcer les convictions et
détruire les systèmes. Elle est trop importante pour
l'histoire, trop curieuse et surtout trop neuve pour que

(1) M. Fleury ; *le Départ. de l'Aisne en* 1814, 2ᵉ édit. p. 211
et 212.

nous ne la veuillions point publier en entier. En voici les termes textuels :

(1) « May, le 2 mars à midi, Marmont au ministre de la guerre.

« L'armée que nous avons devant nous est une armée de 30,000 hommes qui a au moins huit mille hommes de cavalerie, et ne pas y croire, ce serait vouloir se tromper. Cette armée ne fuit pas, elle est en opération. Elle pourra se retirer plus tard, mais elle est venue en offensive. Elle n'a pas craint d'être coupée par l'Empereur, puisque la prise de Méry n'avait pas donné le passage de la Seine et qu'elle était pleinement maîtresse de tous ses mouvements. Cette armée a un bel équipage de pont et par conséquent les moyens d'opérer à volonté sur les rivières. Ses mouvements n'ont point été modifiés par ceux de l'Empereur, puisque les siens étaient exécutés, quand ceux de l'Empereur n'étaient pas commencés. Sa marche n'a pas été incertaine ; elle a au contraire été méthodique et régulière. Voici ce que le général Blucher a voulu faire et le but de ses opérations : d'abord écraser mon corps et le détruire, ensuite marcher sur Paris par la rive droite de la Marne en passant cette rivière le plus promptement possible afin 1° d'arriver à Paris sans avoir cet obstacle ; 2° pour être couvert par cette rivière contre l'Empereur en changeant de ligne d'opération ; 3° pour se combiner avec d'autres corps qui arrivent sans doute par la Picardie. Le général Blucher a marché sur Jouarre, parce qu'il m'a suivi et n'a pas voulu me laisser derrière lui. Il a ensuite marché sur Meaux, parce qu'il a espéré enlever cette place par un coup de main. Lorsqu'il a vu la difficulté, il y a renoncé. Il a voulu passer au-dessus de nous pour marcher sur Meaux et Paris sans danger, et

(1) Archives du ministère de la guerre.

c'est la rapidité du mouvement du 28 et le succès que nous avons obtenu qui a arrêté complètement l'ennemi dans son mouvement, en nous donnant la ligne de l'Ourcq. Aujourd'hui notre position est complètement changée. Il nous arrive des renforts et l'Empereur nous touche. Le mouvement de l'ennemi se prononce maintenant sur La Ferté-Milon. Si l'ennemi doit faire sa jonction de ce côté avec d'autres corps, il est possible qu'il continue son mouvement sur Paris par Dammartin ; mais alors nous sommes sur son flanc et ses derrières et nous en ferons justice, ou il se retirera et nous le poursuivrons. P. S. Je me mets en mouvement sur La Ferté-Milon. »

Cette lettre n'a pas besoin de commentaires : c'est le témoignage véridique d'un témoin oculaire éclairé qui ne se borne pas au fait matériel qu'il a eu sous les yeux ; mais qui s'étend jusqu'au sens véritable de ce fait. (1) « Cette lettre » dit M. Fleury, « est une merveille de lucidité, de précision et de pénétration. Elle a expliqué mieux qu'aucun historien ne le pourrait faire la série d'intentions qui ont guidé, depuis le 26 février, le général prussien dans ses mouvements accomplis et ceux qu'il prépare. Elle a démontré qu'on ne pouvait l'acculer sur l'Aisne puisqu'il possédait, Marmont l'a vu et l'affirme, un magnifique équipage de pont... Comme conclusion, il faut donc admettre que Blucher, en remontant l'Ourcq, ne fuyait pas, mais qu'il était en pleine manœuvre. »

On a vu, d'après les documents officiels que je viens de rapporter, Blucher quitter les bords de l'Ourcq le 1er mars ; Marmont se mettre en mouvement le 2 à midi et attaquer l'arrière-garde de l'ennemi le 3 à Neuilly-St-Front, tandis que Napoléon, parti le 3 de La

---

(1) M. Fleury, *le Département. de l'Aisne en* 1814, 2e édit., pag. 213

Ferté-sous Jouarre, avait son avant-garde le même jour à
Rocourt. Si donc l'arrière-garde de Blucher était attaquée
le 3 à Neuilly-St-Front, à environ 6 lieues de Soissons,
son avant-garde et son corps d'armée devaient être arrivés devant cette ville le 2 au soir, et leur jonction avec
Winzintgerode opérée ; de plus, au moyen de son équipage de pont, sans compter les ponts ou le pont construits par Bulow, Blucher pouvait aussi faire sa jonction avec celui-ci sans le secours du pont de Soissons,
avant que Napoléon qui n'arrivait à Fismes que le 4
au soir, fût en mesure d'accomplir ses désirs. M. Thiers
ne le raconte pas ainsi.

(1) « Napoléon » dit-il, « après avoir passé la Marne
« dans la nuit du 2 au 3 mars s'attacha à poursuivre
« Blucher qu'il fallait mettre hors de combat, ou éloi-
« gner du moins, pour exécuter le plan qu'il venait d'i-
« maginer. (Ce plan consistait à tirer des places une
« partie des garnisons, de les réunir entre Réthel et
« Nancy et d'aller les rallier à Nancy). Les rapports du
« matin étaient unanimes, et représentaient Blucher
« comme tombé dans les plus grands embarras. En effet
« on le poussait sur l'Aisne, qu'il ne pouvait franchir
« que sur le pont de Soissons, lequel nous appartenait.
« Il pouvait, il est vrai, se dérober par un mouvement
« sur sa droite qui le porterait vers Fère-en-Tardenois
« et vers Reims, ce qui lui permettrait de se sauver en
« remontant l'Aisne, et en allant la passer dans la par-
« tie supérieure de son cours, où les ponts ne man-
« quaient pas, et où il devait rencontrer Bulow et
« Winzintgerode. »

Ce n'est là qu'une hypothèse de M. Thiers supposant
Blucher ne partant des rives de l'Ourcq que le 3 au
matin ; c'est-à-dire quelques heures après le départ de

---

(1) M. Thiers; *Hist. du Consul. et de l'Emp*, t. 17, p. 441.

Napoléon à qui il fait passer la Marne dans la nuit du
2 au 3, et représente Winzintgerode et Bulow placés
« dans la partie supérieure du cours de l'Aisne ». Si
Blucher eût été placé dans ces conditions et se fût
dirigé, comme M. Thiers l'indique, sur Reims par Fère-
en-Tardenois, il se serait trouvé effectivement, je ne dis
pas dans un coupe-gorge, mais dans une fausse position ; car tandis qu'il se serait engagé dans les chemins
de traverse d'Oulchy-le-Château par le Grand-Rosoy et
Cramaille, et de Rocourt par Coincy à Fère-en-Tardenois ; Napoléon, d'une part, prenant par Château-
Thierry, Bézu-Saint-Germain et Beuvardes, le serrant
sur son flanc droit, serait arrivé avant lui à Fère et lui
aurait coupé l'ancien chemin de Reims à Paris. D'autre
part, les maréchaux Marmont et Mortier le poussant,
l'un en queue, par Neuilly-Saint-Front, Oulchy-le-
Château, le Grand-Rozoy, etc. ; et l'autre le serrant sur
son flanc gauche par Hartennes et les plateaux au sud
de Soissons, il n'aurait pu faire sa jonction avec Bulow
et Winzintgerode, ni se mettre, au moyen de son équipage de pont, à couvert derrière l'Aisne. C'est en partie
ce qu'espérait Napoléon ; car déjà, après la bataille de
Montmirail et le combat de Château-Thierry Sacken et
d'York, ignorant l'arrivée de Winzintgerode devant
Soissons qu'il allait enlever de vive force dans la journée du 14 février, avaient quitté la veille de ce même
jour, la grande route de Château-Thierry à Soissons,
pour prendre la direction de Reims par Fère-en-Tardenois et Fismes. Mais il n'en était pas ainsi de Blucher
qui n'avait pas songé à prendre cette direction et qui,
du reste, en partant des bords de l'Ourcq le 1er mars,
avait opéré dans cette journée et celle du 2, sa marche
sur Soissons, avant que le premier soldat français
eût franchi la Marne à La Ferté-sous-Jouarre.

En vain M. Thiers regarde-t-il la direction de Reims

comme la seule issue qui restât à Blucher qu'il représente comme « débordé par l'Empereur ».

(1) « Mais Napoléon », continue M. Thiers, « n'était « pas homme à laisser cette ressource à son adversaire. « Dans cette intention il prit lui-même à droite après « avoir franchi la Marne, et la remonta par la grande « route de La Ferté-sous Jouarre à Château-Thierry. Il « avait ainsi le double avantage d'aller plus vite, et de « gagner la route directe de Château-Thierry à Sois- « sons par Oulchy. Une fois sur cette route il avait « débordé Blucher et il était certain de lui fermer l'is- » sue sur Reims, la seule qui lui restât. Arrivé à Châ- « teau-Thierry Napoléon cessa de remonter à droite, et « marchant directement sur Soissons, il poussa vive- « ment Blucher sur Oulchy. Au même instant les « maréchaux Mortier et Marmont ayant repassé l'Ourcq « sur notre gauche, et débouché de Lizy et de May, se « mirent de leur côté à la poursuite de l'ennemi. Une « gelée subite survenue le 3 au matin rendit la retraite « de Blucher un peu moins difficile. Son danger n'était « pas moins grand, car la route de Reims lui allait être « fermée. »

Il est vraisemblable que si l'Empereur avait connu le plan des généraux Blucher, Bulow et Winzintgerode et leur véritable position le 4 mars au matin, au lieu de s'engager dans la traversée de Rocourt et d'Oulchy-le-Château à Fère-en-Tardenois pour gagner Fismes ; il aurait, au contraire, devançant ses maréchaux de quelques heures, poussé jusqu'à Hartennes et, de là, par le plateau du Mont-de-Soissons, se serait avancé jusqu'à Braine et eût ainsi coupé à l'ennemi la route de Reims. Il est vrai qu'il n'aurait pu empêcher Blucher de franchir l'Aisne, puisque celui-ci avait, ce jour-là, effectué

(1) M. Thiers; *Hist. du Consul. et de l'Emp.*, t. 17, p. 441 et 442.

ce passage ; mais il serait tombé sur la partie du corps de Winzintgerode chargée de couvrir Soissons et de le défendre, et l'aurait peut-être écrasée ou jetée dans l'Aisne. Le succès n'eût pas été complet, il est vrai : du moins nous aurait-il épargné, peut-être, la victoire de Craonne et la déroute de Laon. (1)

Si quelqu'un paraît-être, en cette occasion, dans une fausse position, c'est moins le général prussien que l'historien du Consulat et de l'Empire. Non-seulement celui-ci se trompe sur les dates et sur la position de l'armée de Silésie ; mais encore sur le lieu du combat soutenu le 3 mars par l'arrière-garde de Blucher commandée par Kleist ; au sujet duquel, du reste, le bulletin inséré au *Moniteur* du 12 mars 1814 ne donne que quelques lignes d'une rédaction assez confuse que voici : « dans le même temps, l'ennemi avait passé l'Ourcq à Lizy. Le duc de Raguse le rejeta sur l'autre rive. Le mouvement de retraite de l'armée de Blucher fut prononcé. Tout filait sur La Ferté-Milon et Soissons. L'Empereur partit de La Ferté-sous-Jouarre le 3 ; son avant-garde fut le même jour à Rocourt. Les ducs de Raguse et de Trévise poussaient l'arrière-garde ennemie ; ils l'attaquèrent vivement le 3 à Neuilly-Saint-Front. L'Empereur arriva de bonne heure le 4 à Fismes. » Laconisme et confusion auxquels le récit de M. Thiers semble devoir sa couleur locale.

(2) « A Oulchy » dit M. Thiers, « on retrouve l'Ourcq, « et Marmont y eut un engagement fort vif avec l'ar- « rière-garde de Blucher. Il prit ou tua environ trois « mille hommes à cette arrière-garde et la jeta en « désordre au-delà de l'Ourcq. Le passage était ainsi « assuré le lendemain matin pour les maréchaux Mor-

(1) **Voir** un épisode de cette déroute : Bullet. de la soc. arch. de Soiss. t. IIe p. 97.

(2) **M. Thiers** ; *Hist. du Consul. et de l'Emp.*, t. 17, p. 442.

« tier et Marmont qui cheminaient de concert. Un
« autre avantage était obtenu, c'était d'avoir occupé
« Fère-en-Tardenois par notre extrême droite, et d'a-
« voir intercepté la route de Reims. Blucher n'avait
« plus d'autre ressource pour franchir l'Aisne que Sois-
« sons qui était en notre pouvoir. Nous tenions donc
« enfin cet irréconciliable ennemi et nous étions à la
« veille de l'étouffer dans nos bras ! »

Si nous en croyons les auteurs des *Victoires et conquêtes* le combat de Neuilly-Saint-Front n'aurait pas eu
les résultats signalés par M. Thiers ; voici leur version :
« Les deux maréchaux suivirent chaudement l'ennemi,
dont l'arrière-garde prit position à Neuilly-Saint-Front,
et aurait été infailliblement enlevée si la cavalerie Dou-
merc avait pu assez tôt la tourner par sa gauche, pendant que l'artillerie légère la canonnait en front. L'infanterie du duc de Raguse arriva également trop tard
pour seconder ce mouvement. Toutefois l'ennemi per-
dait en se retirant près de six cents hommes et quelques
bagages ; il voulut défendre quelques moulins, mais on
les enleva si vivement, que presque tous les prisonniers
qui y furent faits se trouvèrent atteints par la bayon-
nette. Le soir, les Français passèrent l'Ourcq à La
Ferté-Milon, où ils bivouaquèrent. »

Pour rétrograder jusque-là, ils n'avaient donc pas
enlevé la position de Neuilly ? Si M. Thiers, de son
côté, était dans le vrai, les Français partis d'Oulchy le
4 au matin et qu'il fait arriver, (page 450, note) à Hartennes le 4 au soir n'auraient fait que deux lieues en
une journée. Quant à la perte éprouvée par les Prussiens, il y a loin de 3 mille hommes à 600 seulement.

(1) « Napoléon, » continue M. Thiers, « avait porté
« son avant-garde jusqu'au village de Rocourt, tandis

---

(1) M. Thiers, *Hist. du Consulat et de l'Empire*, t. 17, p. 442
et 442.

« que les troupes de Marmont étaient à Oulchy, et de sa
« personne il vint coucher à Bézu-Saint-Germain, rem-
« pli des plus belles espérances qu'il eût jamais conçues!
« Le lendemain en effet, 4 mars, il se mit en marche
« comptant sur un événement décisif dans la journée,
« craignant toujours que Blucher ne réussit à s'échap-
« per par sa droite, il vint lui-même prendre position à
« Fismes seule route qui restât praticable dans la direc-
« tion de Reims tandis que Marmont et Mortier le
« poussaient directement sur Soissons par Oulchy et
« Hartennes. Quelque parti qu'il adoptât, Blucher était
« réduit à combattre avec l'Aisne à dos, et avec
« 45 mille hommes contre 55 mille. Nous n'étions pas
« habitués dans cette campagne à avoir la supériorité
« du nombre, et Blucher devait être inévitablement
« précipité dans l'Aisne. Qu'il voulût s'arrêter à Sois-
« sons pour y livrer bataille adossé à une rivière, ou
« qu'il voulût remonter l'Aisne, la position était la même.
« S'il s'arrêtait à Soissons, Napoléon se réunissant par
« sa gauche à Marmont et Mortier, tombait sur lui en
« trois ou quatre heures de temps; s'il voulait remon-
« ter l'Aisne pour y établir un pont ou se servir de celui
« de Berry-au-Bac, Napoléon, de Fismes, se jetait encore
« plus directement sur lui, et ralliant en chemin Mar-
« mont et Mortier le surprenait dans une marche de
« flanc, position la plus critique de toutes. La perte de
« Blucher était donc assurée, et qu'allaient devenir
« alors Bulow et Winzintgerode errant dans le voisi-
« nage pour le rejoindre? Que devenait Schwarzenberg
« resté seul sur la route de Paris? Les destins de la
« France devaient donc être changés, car quelque pût
« être plus tard le sort de la dynastie impériale (ques-
« tion secondaire dans une crise aussi grave) la France
« aurait conservé ses frontières naturelles ! A tout
« instant nous recevions de nouveaux présages de la

« victoire. Le plus grand découragement régnait parmi
« les troupes de Blucher, tandis que les nôtres étaient
« brûlantes d'ardeur. On recueillait à chaque pas des
« voitures abandonnées et des traînards. Onze ou douze
« cents de ces malheureux étaient ainsi tombés dans
« nos mains. »

Ce tableau est bien beau, bien séduisant! C'est le récit
fidèle et éloquent des espérances de Napoléon. Mais, malheureusement, pour cette brillante page de l'histoire du
Consulat et de l'Empire, M. Thiers ne raconte ici que les
illusions de l'Empereur et de l'armée française qui comptaient sans leur adversaire dont ils ne connaissaient ni les
plans, ni même la position et encore moins la situation
critique où se trouvait réduite la garnison de Soissons
assiégée à la fois sur les deux rives de l'Aisne par des
forces au-delà de toute proportion avec les siennes ;
abandonnée seule à elle-même; (1) sans aucune nouvelle
des événements qui s'accomplissaient au sud et au sud-
ouest de Soissons; sans espoir d'aucun secours; travail-
lant jour et nuit à fortifier ses trop faibles remparts.

En quittant Méry le 24 février pour se porter en
avant sur Paris « sans attendre », M. Thiers nous l'a
dit, (voir plus haut p. 64), « les 50 mille hommes qu'on
« lui destinait, mais en obliquant à droite, c'est-à-dire
« vers la Marne, où il devait rejoindre un peu plus tôt
« Bulow et Winzintgerode, » Blucher avait prévu, ce
qu'on doit toujours faire à la guerre, le cas où, contre
toute attente, il ne réussirait pas dans son entreprise,
et avait pris en conséquence ses précautions. Ayant à
sa disposition le corps de Winzintgerode qui stationnait
à Reims depuis le 16 et celui de Bulow qui, depuis le

(1) « Les lettres que j'ai écrites au général Moreau pour le tenir
au courant des opérations et de l'approche de Votre Majesté, sont
restées à Compiègne. (Arch. du Ministre de la guerre; lettre du
duc de Feltre à Napoléon, 4 mars 1814. — M. Fleury, p. 257.

22, avait pris position à Laon d'où il avait envoyé vers
Soissons, (on l'a vu plus haut p. 39) des colonnes d'a-
vant-garde à Pinon et à Chavignon tandis que d'autres
colonnes s'acheminaient sur Reims pour s'assurer des
ponts sur l'Aisne et avoir ses communications établies
avec Winzintgerode, Blucher s'était entendu avec ces
deux généraux. Le 27 ou le 28 il leur envoya l'ordre de
s'emparer de Soissons. A l'un il ordonna, vraisemblablement, d'attaquer cette ville par la rive droite et de
faire construire (voyez plus haut, p. 72 et suivantes)
des ponts pour lui faciliter un plus prompt passage de
l'Aisne ; et à l'autre, de prendre, d'un côté, la route
directe de Reims à Soissons, par Fismes et Braine, pour
emporter Soissons de vive-force et par escalade ; et de
l'autre, pour le couvrir sur sa droite, par Fismes et
Fère-en-Tardenois, tandis qu'il descendait sur Soissons
par La Ferté-Milon, Neuilly-Saint-Front et Hartennes.

(1) « A ne lire que les historiens qui ont traité des
événements de 1814 », dit M. Fleury, « il semblerait
que le hasard seul a fait converger vers Soissons les
trois armées qui vont s'y concentrer au même moment,
en arrivant de trois points différents de l'horizon. Soissons, au contraire, fut au mois de mars, un centre
indiqué d'opérations et de jonction pour les alliés,
comme Avesnes l'avait été un mois plus tôt. Ils s'y
étaient donné rendez-vous à un jour fixé d'avance. C'est
là un point essentiel à établir et qui, une fois bien posé,
doit diminuer le regret de voir la place se rendre trop
tôt. On a trop dit, en effet, que Blucher eût été perdu,
si Soissons eût tenu quelques heures de plus, parcequ'il
se fût trouvé seul en face de Napoléon. Avant que

---

(1) M. Fleury, *le Départem. de l'Aisne en 1814*, 2ᵉ édit. p. 206
et suivantes.

Blucher fût en vue de la ville, Winzintgerode, qui arri
vait dès le matin du 2 et à la fois par les routes de
Reims et d'Oulchy, lui apportait déjà le renfort consi-
rable d'une armée nombreuse, aguerrie, dont l'infanterie, que n'avaient encore épuisée ni les marches
incessantes, ni les combats, devait bientôt montrer à
Craonne ce qu'elle savait faire.. ... Le maréchal Marmont a été l'un des principaux acteurs des événements
qui, dans les trois premiers jours de mars 1814, ont
précédé la chûte de Soissons. Il a vu et il a su. » (voir
plus haut p. 81 sa lettre du 2 mars à midi au ministre
de la guerre) « C'est donc avec un sentiment de vif étonnement que nous avons lu dans ses mémoires (tome 6,
livre 24, page 206), le passage qui a trait aux dangers
que, suivant lui, Blucher eût couru, si Soissons ne lui
eût offert un sûr asile. « Toute son armée », dit le duc
de Raguse, « déjà battue, fatiguée, découragée, allait
être acculée à une rivière et enveloppée par des forces
suffisantes pour la détruire. Napoléon arrivait avec
quinze ou dix-huit mille hommes. Mortier et moi nous
en réunissions environ douze mille. Le corps de Bulow
et celui de Woronzow, arrivant par la rive droite de
l'Aisne et n'ayant aucun moyen de communication
pour se joindre à Blucher, ne pouvaient le secourir. »

« Marmont dans ses mémoires écrits cependant bien
longtemps après les événements accomplis, où rien donc
n'eût dû être oublié, a complétement supprimé l'armée
de Winzintgerode forte au moins de vingt-cinq mille
hommes. Elle n'a point existé pour lui, et cependant
nous allons bientôt la voir arriver devant Soissons. Une
lettre de l'Empereur, adressée à Marmont lui-même,
datée du 4 mars à Fère-en-Tardenois et que le maréchal a publiée dans ses mémoires atteste que le 1er mars,
Winzintgerode passait à Fère, se dirigeant avec une

partie de ses forces sur Soissons (1). Le rapport du maire de Braine au préfet de l'Aisne nous montre l'autre partie de l'armée de Winzintgerode marchant par la rive gauche de l'Aisne : « Le 1er et le 2 mars, il passa du matin au soir des troupes russes de toutes armes marchant sur Soissons où elles entrèrent. Une grande partie logea à Braine. ».…. Des lettres saisies sur un courrier ennemi nous feront voir Winzintgerode opérant sur la rive gauche, le mot y sera, à laquelle tant d'historiens veulent acculer Blucher isolé et sans ressources. Ce n'est pas seulement, encore une fois, avec l'armée en retraite de ce général que les deux maréchaux eussent eu à combattre, mais avec Winzintgerode aussi qu'on ne peut confisquer, mais qui est là en ligne, dont il faut tenir compte, que la faible garnison de Soissons, occupée d'ailleurs par Bulow, n'eût pu inquiéter par derrière pendant qu'il eût aidé et secouru Blucher.

« Ces données sont nouvelles ; elles heurtent de front des idées généralement admises. Aussi sentons-nous le besoin de les appuyer de preuves incontestables, parce qu'elles détruisent bien des hypothèses, bien des plans faits après coup, bien des raisonnements qui se fondent sur un grand, vif et louable sentiment de l'honneur national, sur un besoin bien naturel d'expliquer des revers et de s'en consoler. Mais la gloire de la campagne de 1814, le vif éclat qu'ont projeté le génie incontesté de l'Empereur et le courage de nos admirables armées, sont trop complets, trop bien admis par tous, amis et ennemis, pour qu'on soit obligé de les rehausser par des moyens factices. Chefs et soldats ont succombé sous la puissance irrésistible, colossale du nombre et de moyens presque surhumains, Soissons ne pouvait pas

---

(1) Mémoires du duc de Raguse. — Plans des batailles livrées par les armées prussiennes en 1813, 1814 et 1815.

se défendre contre des forces telles que ni l'Empereur,
ni ses généraux, ni ses ministres n'en soupçonnaient
l'importance, ni même la présence, nous l'avons vu tout
à l'heure par l'erreur au sujet de Bulow. En supposant
que Soissons eût tenu le 3 mars jusqu'à quatre heures
du soir au lieu de se rendre à neuf heures du matin,
cette résistance n'aurait fait que mettre les ducs de Trévise et de Raguse aux mains avec les alliés, en com-
promettant peut-être les Français numériquement si
faibles à côté de Blucher et de Winzintgerode réunis
sous les murs de la place, et l'Empereur était encore
loin de là et non sur le dos des alliés comme on le pense
généralement, puisque c'est le 4 mars seulement au soir
et à Fismes qu'il apprendra la reddition de Soissons.

« L'existence du concert qui devait amener simulta-
nément devant cette place les armées de Winzintgerode
et de Bulow marchant perpendiculairement sur deux
lignes dont le point de rencontre était indiqué sur
l'Aisne à Soissons, est prouvée par deux dépêches qui
furent saisies dans les environs de Villers-Cotterêts par des
éclaireurs polonais sur un cosaque en mission de courrier. Elles émanaient du major prussien Brunecki qui,
faisant partie de l'avant-garde de Blucher, avait marché ; le 28 février, de La Ferté-Milon sur Villers-Cotterêts et de cette ville sur Braine, en passant par Chaudun,
Buzancy et les montagnes qui dominent la Vesle. De
Braine Brunecki écrivait en allemand au général Kleist,
le 1er mars : « J'ai l'honneur de prévenir Votre Excellence que j'ai trouvé ici l'avant-garde du général Winzintgerode qui s'est mise en mouvement vers Soissons
avec le corps de Bulow ; ils doivent attaquer demain
cette place. Le major Brunecki, aide-de-camp. Braine,
1er mars. « La seconde lettre est bien autrement
féconde en renseignements positifs sur le plan concerté
entre les généraux alliés. Elle était adressée au général

Blucher et datée de Braine aussi, 1er mars. Elle était ainsi conçue : « Au feld-maréchal de Blucher : Ayant appris à Villers-Cotterêts que Soissons était encore occupé par les Français, je me suis dirigé par Chaudun sur Laon. J'ai rencontré ici l'avant-garde du corps de Winzintgerode qui s'est mis en mouvement de Reims sur Soissons. J'ai appris par le colonel russe Barnikow que Soissons devait être attaqué demain par les deux rives de l'Aisne, sur la droite par le corps de Bulow et et sur la gauche par celui de Winzintgerode qui doit arriver aujourd'hui à Soissons. J'espère apprendre à Vailly, qui est occupé par le corps de Bulow et où j'arriverai cette nuit, que Soissons est pris. — Braine, 1er mars, le major Brunecki (1). »

« L'isolement de Blucher et les dangers que cet isolement devait lui faire courir, n'existent donc pas. Les faits historiquement et authentiquement prouvés, ayant démontré que rien ne s'opposait à sa jonction avec Winzintgerode sur la rive gauche de l'Aisne, il faut chercher maintenant s'il fuyait vraiment, comme tout le monde l'a cru, ou si, au contraire, il n'agissait pas pour obéir à une idée préconçue, à un plan sérieux, et non au hasard d'une retraite précipitée par la peur.

« Des écrivains militaires de la Prusse nous ont déjà mis à même de montrer claire et précise la pensée qui lui avait fait quitter les bords de la Marne pour descendre dans la direction du Nord. On pourrait se défier d'un ennemi, d'un Prussien, d'un apologiste né du maréchal Blucher. Demandons donc nos preuves à un Français, à un homme à qui personne ne contestera la science de stratégie qu'il a déployée au moins dans ses écrits et dans ses livres. Il est un document... » (Voir

(1) *Arch. du Minist. de la guerre.*

plus haut, pages 81 et suivantes la suite, la lettre de
Marmont du 2 mars 1814 et la conclusion de l'historien.)

Dans la description reproduite précédemment de la
fausse position de Blucher dont, suivant M. Thiers,
« la perte était assurée » l'illustre historien s'est
demandé : « Et qu'allaient devenir alors Bulow et Wintzingerode errant dans le voisinage ? » Voici la réponse
qu'il se fait :

(1) « Le 1er et le 2 mars on vit apparaître » (devant
Soissons) « deux masses ennemies, l'une par la rive
« droite, l'autre par la rive gauche de l'Aisne : C'étaient
« Bulow, qui arrivant de la Belgique et descendant du
« Nord, abordait Soissons par la rive droite, et Wint-
« zingerode, qui venant du Luxembourg, et ayant pris
« par Reims, s'y présentait par la rive gauche. Tous
« deux sentaient l'importance capitale du poste qu'il
« s'agissait d'enlever et pour Blucher et pour eux-
« mêmes. Effectivement Soissons était pour Blucher la
« seule issue par laquelle il pût franchir la barrière
« de l'Aisne, et pour eux-mêmes le moyen de sortir d'un
« isolement qui à chaque instant devenait plus péril-
« leux. S'ils ne pouvaient s'emparer de ce pont, ils
« étaient obligés de rétrograder, l'un par la rive droite
« de l'Aisne, l'autre par la rive gauche pour aller
« opérer leur jonction plus haut et de laisser Blucher
« seul entre l'Aisne et Napoléon. Aussi après avoir dans
« la journée du 2 mars canonné la ville sans grand
« résultat, firent-ils dans la journée du 3 les menaces
« les plus violentes au général Moreau, et cherchèrent-
« ils à l'intimider en parlant de passer la garnison par
« les armes. » Revenant encore une fois à la prétendue

(1) M. Thiers; *Hist. du Consul. et de l'Emp.*, t. 17, p. 446.

fausse position de Blucher et à l'impossibilité pour les généraux Bulow et Winzintgerode de faire entre eux leur jonction, M. Thiers deux pages plus loin dit :

(1) « Quelques historiens, apologistes de Blucher ont « prétendu que le danger qu'il courait n'était pas si « grand que Napoléon s'était plu à le dire, car Blucher « eût été renforcé au moins de Wintzingerode, qui, « venant de Reims, était sur la rive gauche de l'Aisne, « ce qui aurait porté l'armée prussienne à 70 mille « hommes contre 55 mille. D'abord il n'y a pas de force « numérique qui pût racheter la fausse position de « Blucher, car, arrivé le 4 devant Soissons, tandis que « Napoléon était ce même jour à Fismes, il eût été « obligé ou d'essayer de passer l'Aisne devant lui en « en jetant des ponts de chevalets, ou de remonter « l'Aisne dix lieues durant, avec l'armée française dans « le flanc. L'avantage d'être 70 mille contre 55 mille, « ce qui ne nous étonnait guère en ce moment, n'était « rien auprès d'une position militaire aussi fausse. En-« suite il est presque certain que Wintzingerode, « n'ayant pu faire par Soissons sa jonction avec Bulow « dans la journée du 3, se serait hâté de rebrousser « chemin le 4, pour aller passer l'Aisne à douze ou « quinze lieues plus haut, c'est-à-dire à Berry-au-Bac. « Blucher se serait donc trouvé, pendant toute une « journée, seul entre Napoléon et le poste fermé de « Soissons. »

Est-il nécessaire de faire remarquer ici que M. Thiers, comme on l'a vu précédemment, après avoir fait (t. 17 p. 436) « décamper Blucher le 3 mars, au matin, « des bords de l'Ourcq pour se rapprocher de l'Aisne » où, d'après cette assertion, il ne devait arriver que le 4 au matin ; et après lui avoir fait « ouvrir, le 3 mars

(1) M. Thiers; *Hist. du Consul. et de l'Emp.*, t. 17, p. 448.

(t. 17, p. 444) les portes de Soissons « où il constate l'arrivée de Winzintgerode et de Bulow « le 1er et le 2 mars » dit ici, (en supposant que Soissons n'eût pas été pris par eux), « qu'il est presque certain que Winzint-« rode n'ayant pu faire sa jonction avec Bulow dans la « journée du 3, se serait hâté de rebrousser chemin le « 4 » ; c'est-à-dire au moment où, selon lui, Blucher (dont les premières troupes d'avant-garde passaient dès le 1er mars à Chaudun, Buzancy, Braine se dirigeant par Vailly sur Laon) serait arrivé devant Soissons ? Si dans l'hypothèse que la jonction de Winzintgerode avec Bulow ne pût être faite par Soissons, celle avec Blu-cher, d'après le dire même de M. Thiers, devait être faite le 4 au matin. Or, si Winzintgerode, en rebroussant chemin ce jour-là pour aller passer l'Aisne à Berry-au-Bac, pouvait échapper à Napoléon, Blucher le pouvait également. Il ne se serait donc pas trouvé pendant toute une journée, seul, entre le poste fermé de Soissons et Napoléon qui n'arrivait à Fismes que le 4 au soir. Du reste ce qu'on a dit de la prétendue fausse position de Blucher n'est qu'une supposition toute gratuite, puisque celui-ci, arrivé le 2 mars devant Soissons était en posi-tion, le 3 au matin, de prendre part, avec Winzintge-rode et Bulow, à l'assaut de cette ville, si elle n'eût pas capitulé : et avait aussi tout le temps nécessaire pour jeter sur l'Aisne son équipage de pont. Ce ne sont pas des apologistes de Blucher qui prétendent que le danger couru par le général prussien n'était pas si grand qu'on s'est plu à le dire ; ce sont les faits accomplis et les docu-ments officiels et authentiques qui le prouvent. Quant à ce qui s'est passé à Soissons les 2 et 3 mars 1814, M. Fleury qui a su puiser aux bonnes sources nous en donne des détails que je vais rapporter en partie :

7.

(1) « Les premières forces coalisées qui se développèrent rapidement autour de la ville pouvaient être évaluées à quinze bataillons et à douze escadrons ; mais chaque minute leur apportait des renforts. Les routes ne cessaient de vomir des hommes, des chevaux, des bagages, de l'artillerie ; trente pièces de douze furent placées en batterie contre les divers fronts de la place.

« A ces puissants moyens d'attaque la défense n'avait à opposer que le bataillon de la Vistule, fort de huit cents hommes, cent quarante canonniers et quatre-vingts cavaliers de la garde, avec dix-huit pièces de campagne de douze et de huit, et deux obusiers.

« Cette faible troupe devait protéger l'immense pourtour de Soissons. Deux détachements, composés chacun de trois cent cinquante Polonais, furent placés l'un à la porte de Laon, l'autre à celle de Reims qui paraissaient les points les plus menacés. Les éclaireurs à cheval restèrent sur la grande place pour porter des ordres, et les postes intérieurs de la ville furent confiés à la garde nationale. » (ce dernier point est inexact.)

(2) « L'attaque commença vers dix heures et demie

---

(1) M. E. Fleury, *le Département. de l'Aisne en* 1814 ; 2ᵉ édit. p. 219 et suivantes.

(2) C'est de moi que M. Fleury tient ce détail ; voici ce que je lui écrivais en 1858 : « Je ne vous dirai rien de l'attaque du 2 mars, sinon qu'à peine étais-je arrivé à la pension ce jour-là qu'un grand tumulte se manifesta dans toute la ville. Ce sont les ennemis, disait-on de tous côtés ; il était environ huit heures et demie quand la générale se fit entendre ; le maître de pension nous renvoya aussitôt. En traversant le pont, je vis à gauche sur la Montagne-Neuve, comme le 14 février, une colonne considérable qui descendait par la route de Coucy ; et à droite, un grand nombre de cavaliers qui descendaient de la ferme de Sainte-Geneviève. Comme j'allais rentrer chez mon père, les soldats que nous logions et leurs officiers s'en allaient sur le rempart. Ceux-ci m'emmenèrent avec eux pour aller voir tirer le canon. « Il n'y a pas encore de danger,

par un coup de canon tiré du bastion de Saint-Médard
sur un groupe de cavaliers qui se montraient à décou-
vert dans la plaine de Saint-Crépin-le-Grand, aux environs de la route de Reims. L'obus, qui tomba au milieu
de ce groupe, le dispersa. Un trompette se présenta en
parlementaire et fut repoussé. A ce refus les alliés répon-
dirent bientôt, sur tous les points à la fois, par une
canonnade incessante. A midi, trois des pièces des remparts étaient déjà démontées, et quelques artilleurs, mal
couverts par des travaux insuffisants, avaient payé de
leur vie la précipitation avec laquelle on avait dû agir
sur trop de points. Les fusilliers ne pouvaient se garantir que très-incomplètement du feu roulant qui partait
de partout à la fois.

vous reviendrez tout de suite », me disaient-ils. Je me décidai à les
suivre sur le bastion de Saint-Médard. alors garni d'un parapet
armé de plusieurs pièces de canons et débarrassé des arbres du
fossé. Nous montâmes sur le parapet et je vis dans la plaine de
Saint-Crépin-le-Grand, au-delà de la route de Reims, un groupe de
cavaliers réunis. « Envoyez donc un obus à ces Messieurs », dit
l'un des officiers qui était bien aise de me donner ce spectacle, et
il me dit : « regardez bien ce qu'ils vont faire. » Le coup part et
nous voyons bientôt le groupe de cavaliers se disperser dans tous
les sens. L'obus, que je vis éclater, alla tomber au milieu d'eux.
« Très-bien » dirent les officiers. Aussitôt on entendit de ce côté
une trompette parlementaire. Je n'en vis pas davantage ; je revins
à la maison paternelle. A mon retour, un tambour s'en allait à son
poste en se frottant les mains, et disant : « Un bon petit déjeûner ! »
Le déjeûner fut un peu long ; la canonnade qui commença vers dix
heures du matin ne cessa que vers onze heures du soir. Les habitants portèrent à manger aux soldats sur les remparts. A onze
heures du soir il nous arriva deux artilleurs pour souper. Ces
pauvres gens étaient tellement étourdis par le bruit du canon qu'ils
en étaient devenus comme fous. Le moindre coup de fusil qu'ils
entendaient était pour eux comme des coups de canon, et ils voulaient retourner sur le rempart sans se donner le temps de manger. » (Souvenirs de 1814, mms. contenant des renseignements
inédits.)

« Cependant, la place ripostait vigoureusement au tir de l'ennemi. Brayer, dans ses *Essais* manuscrits sur Soissons, dit que parmi les artilleurs du rempart se trouvait un Soissonnais nommé François Leroux, dont l'adresse était telle que sa pièce, établie sur la butte de Saint-Pierre-à-la-Chaux, démonta plusieurs des canons de l'ennemi. Le soir approchait ; les assiégeants crurent le moment venu de tenter un coup décisif. Deux bataillons prussiens s'élancèrent à l'assaut du côté du faubourg Saint-Crépin. Accueillis par un feu bien nourri, ils furent chargés par les défenseurs de la place, chassés du faubourg et poussés assez loin dans la plaine. Une seconde attaque de vive force fut repoussée avec le même courage et le même bonheur. Ces tentatives ne se renouvelèrent point, mais la canonnade continua jusqu'à dix heures du soir. Cette première journée coûtait cher à l'héroïque garnison de Soissons qui se trouvait réduite à moins de huit cents hommes : elle avait perdu cent quarante-trois soldats mis hors de combat, dont vingt-trois morts et cent vingt blessés parmi lesquels on comptait plusieurs officiers et le colonel Kosynski du régiment de la Vistule, atteint d'une balle en expulsant les assaillants du faubourg Saint-Crépin.

« Au moment où le jour tombait, il y avait devant Soissons soixante mille hommes au moins et cent pièces d'artillerie. »

Voici ce que dit M. Thiers de ces braves défenseurs de Soissons :

(1) « Comme garnison on y avait envoyé les Polonais
« naguère retirés à Sedan, et dont Napoléon n'était pas
« dans ce moment très-satisfait. Il est vrai qu'au déses-
« poir de leur patrie perdue, se joignait chez eux une
« profonde misère, et que de la belle troupe qu'ils for-

(1) M. Thiers, *Hist. du Consul. et de l'Emp.*, t. 17, p. 445.

« maient jadis il ne restait plus que trois à quatre
« mille hommes, mal armés et mal équipés. Cependant
« en présence de l'extrême péril de la France, tout ce
« qui parmi eux pouvait tenir un sabre ou un fusil avait
« redemandé à servir. »

Le *Moniteur* du lundi 14 mars, nouvelles de la situation des armées au 12 mars, contient le passage suivant :
« Soissons a beaucoup souffert : les habitants se sont
conduits de la manière la plus honorable : il n'est point
d'éloges qu'ils ne donnent au régiment de la Vistule
qui formait leur garnison ; il n'est pas d'éloges que le
régiment de la Vistule ne fasse des habitants. S. M. a
accordé à ce brave corps 30 décorations de la Légion
d'Honneur. »

Pour que l'on puisse apprécier quel genre de menaces
firent au général Moreau Bulow et Winzintgerode je
vais continuer le récit de M. Fleury :

(1) « Pendant les rares moments où le bruit de la
lutte cessait, des Polonais avaient cru entendre au loin,
dans la direction de La Ferté-Milon, comme un bruit
de canonnade. Ils en avaient parlé à leurs camarades.
Le courage de ces intrépides soldats ne s'en était
point accru ; mais dévoués à une mort certaine si un
miracle ne les tirait de cette multitude où ils se trouvaient noyés, ils avaient senti poindre en eux une lueur
d'espérance et se préparaient, dans un calme sévère et
résigné, aux événements du lendemain.

« La lutte finissait à peine que deux parlementaires
se présentèrent à peu près en même temps de la part du
général Bulow et de Winzintgerode. Celui de Bulow
était ce même capitaine Martens dont l'éloquence avait
obtenu, tout récemment, tant de succès à La Fère.

---

(1) M. Edouard Fleury ; *Le Département de l'Aisne en* 1814, 2ᵉ
édit., p. 220 et suivantes.

« Il était onze heures du soir lorque la conférence commença. Martens exposa la situation. Il mit en comparaison la force énorme dont les alliés disposaient et qui s'accroissait encore d'instant en instant, avec la faiblesse d'une garnison dont la valeureuse défense le portait à exagérer le nombre, mais nombre évidemment mal en rapport cependant avec la multiplicité des points qu'il faudrait défendre le lendemain. Il savait que le mur d'enceinte, s'il avait été réparé, n'était point partout à l'abri de l'insulte et que son immense développement l'exposait à un coup de main dans plus d'une de ses parties. Il montra la ville menacée de toutes les conséquences terribles d'un assaut heureux par l'entêtement héroïque, c'est vrai, de ses défenseurs ; il finissait en affirmant que Soissons serait facilement enlevé le lendemain et il rendait le général commandant responsable de ce qui pouvait arriver.

« Moreau répondit qu'il était disposé à se défendre jusqu'à la dernière extrémité et que d'ailleurs, il ne pouvait entendre à des propositions verbales, apportées surtout par des parlementaires dont rien ne prouvait la mission et le vrai caractère.

« Le capitaine Martens se retira assez peu convaincu de la détermination affichée par Moreau de tenir jusqu'à la mort. Il vit dans la dernière partie de sa réponse comme une sorte d'invitation à ne pas laisser finir brusquement et pour toujours ces pourparlers. Bulow pensa de même, car un peu plus tard Martens se représentait à la porte de Crouy qu'un ordre du général Moreau fit ouvrir devant lui. Il était porteur de pouvoirs en règle et de cette lettre :

« 2 mars 1814, dans la nuit.

« Le général Bulow au général Moreau, commandant
« à Soissons.

« Votre Excellence a désiré que je lui écrive au sujet de la proposition que j'avais chargé un de mes aides-de-camp de vous faire de bouche et après avoir attendu plus longtemps que je m'en étais flatté. Je veux bien me prêter à une seconde complaisance pour prouver à Votre Excellence combien je désirerais épargner le sang inutilement versé et le sort malheureux d'une ville prise d'assaut. Je propose à Votre Excellence, de concert avec le commandant en chef de l'armée russe, de. conclure une capitulation telle que les circonstances nous permettent de vous l'accorder et de l'obtenir. Je compte sur la réponse de Votre Excellence avant la pointe du jour. »

« Moreau n'avait pas attendu les démonstrations du capitaine Martens pour savoir quels étaient ses dangers, l'insuffisance de ses ressources et la difficulté de sa situation ; mais il luttait encore entre son devoir et ce sentiment d'humanité qui porte même les militaires à ne pas verser le sang inutilement. Il était parfaitement convaincu qu'il ne pouvait pas tenir longtemps ; bien qu'il habitât Soissons seulement depuis quelques jours, il en connaissait le fort et le faible, et les chances fâcheuses lui apparaissaient partout..... Au moment de prendre une résolution extrême, il s'arrêta sur le bord de l'abîme et demanda du temps, sachant cependant qu'il devait capituler. Le capitaine Martens le savait de même, lorsqu'il accorda à l'irrésolu commandant de Soissons un délai de quelques heures.... Le lendemain à l'aube, Moreau monta sur la tour de la cathédrale. Le rapport qu'il adressa, le 4, de Compiègne, au ministre de la guerre, est pour nous un sujet éminemment intéressant d'étude morale et psycologique. Nous voyons le général marchant, s'agitant, n'ayant point encore pris de parti, du moins le croit-il, interrogeant d'un regard inquiet ces grands bivouacs qui ne se sont point encore réveillés, où règne une tranquillité immobile, mais où bientôt la vie, l'animation, l'excitation de la lutte vont reparaître terribles et menaçantes pour lui, pour la ville dont il répond, pour son honneur à lui et tout son avenir. Il se demande s'ils sont vrais ces affirmations du parlementaire Martens et ces rapports qu'on lui a faits la nuit sur l'augmentation des armées assiégeantes. A son habitude de coup-d'œil militaire, il compte anxieusement ces masses qui s'éveillent. Elles sont plus nombreuses que jamais. Les voilà qui se mettent en mouvement. Les batteries se repeuplent. Le feu reprend. Des obus éclatent et portent l'incendie dans plusieurs endroits de la ville. Sur la route de Reims, il voit circuler des voitures qui amènent, croit-il, les échelles d'assaut (1).

« Lorsque le général Moreau descendit de la tour, son parti était pris. En rentrant chez lui, il trouva un nouveau parlementaire russe qui lui remit ce billet :

« Le baron de Winzintgerode, général en chef de l'armée russe, à M. le général Moreau.

« Avant de donner l'assaut et pour sauver Soissons des horreurs du pillage et du massacre, je propose à M. le commandant de Soissons de rendre la ville à l'armée combinée du nord de l'Allemagne.

« L'honneur militaire ne commande pas une résistance contre une force aussi disproportionnée et dont les suites immanquables resteront toujours à la responsabilité du commandant.

« Devant Soissons, le 18 février — 3 mars 1814. Le général en chef baron de Winzintgerode. »

« Le général Moreau avait réuni en conseil de défense ses principaux officiers, l'adjudant-commandant Bou-

---

(1) *Rapport de Moreau sur la reddition de Soissons.* — *Arch. du Minist. de la guerre.*

chard qui était arrivé tout récemment de Compiègne et, la veille, avait été chargé du commandement de la place, le colonel d'artillerie Strolz, le colonel Kosynski des Polonais, et le lieutenant-colonel du génie Saint-Hillier.

« Un document aussi important et neuf que véridique, nous fait pénétrer au sein de cette réunion et nous permet d'en reproduire la physionomie. C'est le rapport de la commission d'enquête chargée d'examiner la conduite du général Moreau lorsqu'il fut arrêté sur les ordres de l'Empereur. La commission entendit comme témoins un certain nombre des officiers de la garnison de Soissons et entre autres, ceux qui avaient fait partie du conseil de défense. Leurs dépositions sont analysées dans le rapport écrit et déposé, le 24 mars, par le général Gassendi, président de la commission d'enquête (1). Nous nous occuperons plus amplement à sa date de ce procès dont nous n'extraierons, en ce moment, que les indications utiles à la connaissance de ce qui se passa, le 3 mars de grand matin, dans le conseil de défense de Soissons.

« Le général Moreau, qui en avait tout naturellement la présidence, raconta ce qui s'était passé la nuit entre lui et les parlementaires ennemis. Il lut les deux lettres de Winzintgerode et de Bulow. Il parla des renforts que l'ennemi avait reçus depuis la veille au soir et et de la force réelle desquels il venait de s'assurer par lui-même. Il fit ensuite le tableau de la situation de la place et de la garnison, l'une si immense de développement, l'autre si faible en nombre que la dixième partie des murs ne pourrait recevoir de défenseurs. Et en quel état étaient-elles, ces murailles ? On pouvait s'attendre à une attaque entre les portes de Paris et de Reims, et

(1) *Arch. du minist. de la guerre).*

l'angle du bastion des Capucins n'était pas même clos,
pour ne parler que d'une seule partie de la courtine. Maintenant que les routes étaient toutes au pouvoir de l'ennemi, maître aussi des deux rives de l'Aisne, il n'était
plus possible de recevoir les renforts annoncés par le
ministre de la guerre. Dans cet état de choses, quelle
était la conduite à tenir? Se défendrait-on plus longtemps? La résistance était-elle même possible? N'expo-
serait-elle pas la place aux horreurs d'un sac que la
colère des assiégeants rendrait horrible?

« La parole fut donnée au lieutenant-colonel du génie
Saint-Hillier qui montra dans son argumentation la
plus grande énergie. La position n'était pas, selon lui,
aussi désespérée qu'on venait de la présenter. La garnison après la lutte de toute une journée, n'avait point
été assez diminuée pour ne pouvoir repousser des attaques semblables à celles dont elle avait eu deux fois raison
la veille au soir, et depuis lors elle n'avait fait aucune
perte. Il était trop vrai que la courtine était ouverte en
plus d'un endroit; mais la gelée, qui avait repris sérieu-
sement, avait durci la terre des remblais et l'avait rendue
aussi solide que le meilleur mur; le canon ne l'enta-
merait pas de sitôt et n'y ferait pas brèche avant deux
jours peut-être. Si les ressources matérielles n'avaient
donc que peu changé pour la place, il s'était passé, le
2 au soir, un fait significatif, qui lui semblait heureux
et dont on ne paraissait point tenir assez compte. On
avait entendu gronder le canon du côté de Villers-Cotterêts suivant les uns, de La Ferté-Milon au dire des
autres. C'était la lutte qui se rapprochait, peut-être le
secours. En tous cas, des événements importants se
passaient au sud-ouest et assez près de Soissons pour
que de cette ville on pût entendre la canonnade. Quels
étaient ces événements? Nul ne le pouvait savoir; mais
si on rapprochait de la canonnade entendue la veille au

soir l'insistance avec laquelle les généraux alliés sollicitaient la reddition, il fallait croire qu'ils se préoccupaient de ces événements qui peut-être étaient fâcheux pour eux et les forçaient à hâter une capitulation à laquelle il ne fallait pas donner pour cause unique leur humanité et le désir d'épargner le sang..... Le lieutenant-colonel Saint-Hillier conclut donc, en terminant, à ce qu'on tint encore à Soissons vingt-quatre heures au moins, ce qui était possible à son avis.

« Le colonel d'artillerie Strolz, appelé à opiner, montra la plus insigne faiblesse. Cet officier qui avait prouvé tant d'intelligence et de résolution dans son service militaire, manqua du courage qui discute et prend sa résolution à froid. Il se prononça nettement pour la capitulation.

« Le colonel Kosynski qui, tout blessé qu'il fût, avait voulu se présenter au conseil de défense, vint énergiquement en aide au lieutenant-colonel Saint-Hillier, d'après ce qu'atteste Brayer dans ses *Essais* sur Soissons. Si nous en croyons les renseignements manuscrits recueillis par M. Périn, le brave commandant des Polonais aurait refusé, ainsi que Saint-Hillier, d'apposer sa signature sur le procès-verbal de la séance où la capitulation fut résolue.

« Les renseignements nous manquent sur l'opinion émise par l'adjudant-général Bouchard. La résolution adoptée autorise à croire qu'il se réunit au colonel Strolz et au général Moreau, puisque la majorité fut acquise à la proposition de rendre la place. Moreau fut chargé de traiter des conditions avec les généraux alliés.

« Il demanda que la garnison se retirât avec armes et bagages et dix pièces à son choix avec leurs munitions ; l'ennemi occuperait immédiatement deux portes de la ville avec un bataillon à chacune, à la condition qu'un piquet en avant de chaque bataillon ne laisserait entrer personne avant la complète évacuation de Soissons par les Français qui sortiraient à quatre heures du soir. La ville serait préservée de tout pillage.

« Voici la lettre qu'un peu plus tard il recevait de Winzintgerode qui se hâtait de tout accorder :

« Mon général,

« Je consens aux propositions que vous m'avez faites à condition que nos troupes occuperont sur-le-champ la porte de Reims et celle de Laon.

« Vous quitterez la ville comme vous le désirez, et deux pièces de canon, leurs *amunitions* (sic), et les équipages qui peuvent appartenir aux troupes ; mais vous vous mettrez en marche pas plus tard que quatre heures après-midi, et vous vous dirigerez sur le chemin de Compiègne.

« Jusqu'à Compiègne je vous donnerai une escorte de cinquante chevaux, tant pour votre sûreté que pour m'assurer de la direction que vous aurez prise.

« Je vous donne ma parole que tout ce que j'ai l'honneur de vous dire sera exactement observé. »

« Le conseil de défense attendait cette réponse en silence. Dès qu'elle lui eut été communiquée, il prit la délibération suivante :

« Considérant,

« Qu'il y avait impossibilité évidente de résister, vu la faiblesse de la garnison et des moyens de la place, et la force de l'ennemi ;

« Que les secours annoncés par Son Excellence le ministre de la guerre et qui devaient monter à plus de 4,000 hommes n'avaient point paru et ne pouvaient arriver, l'ennemi étant maître de toutes les routes ;

« Que la multiplicité des points d'attaques, l'indétermination de leur choix, et surtout la nullité absolue des moyens d'exécution rendaient impossible la confection des retranchements ou réduits qu'il eût fallu pour

soutenir un assaut au corps de la place ; qu'il était
impossible d'en définir le nombre en se réduisant à
n'occuper que la rive gauche de l'Aisne, vu que le pont
que l'on avait ordonné de faire sauter n'avait pu l'être
faute de poudre, et que la barricade qui y avait été
commencée pour y suppléer n'avait encore pu être
achevée ;

« Que la construction des maisons des faubourgs
dans laquelle il n'y avait presque pas de bois, avait
rendu impossible d'en effectuer l'incendie, circonstance
qui favorise les approches de l'ennemi ; que deux fois
il avait fallu les chasser de ces faubourgs avec de forts
détachements de grenadiers et de voltigeurs, ce qui
diminuait d'autant la garniture des remparts déjà infi-
niment trop faible ;

« Qu'une résistance qui n'aurait pas pu durer deux
heures, n'aurait mis aucun obstacle aux progrès de l'ennemi, puisqu'il était maître des deux rives de l'Aisne,
de toutes les routes et par conséquent nous cernait de
tous côtés ;

« Le conseil a arrêté qu'on écouterait les propositions
du général Winzintgerode. »

« A neuf heures du matin et les pourparlers terminés, la capitulation fut signée. »

Telles sont les circonstances de cette capitulation dont
on a fait un si grand crime au général Moreau et à son
conseil de défense, et que M. Thiers, en quelques lignes,
résume ainsi :

(1) « Un officier du génie, le lieutenant-colonel
« Saint-Hillier fit sentir le devoir et la responsabilité
« de la résistance, au moins pendant vingt-quatre heu-
« res. Néanmoins, le général Moreau, ébranlé par les

(1) M. Thiers; *Hist. du Consul. et de l'Emp.*, t. 17, p. 447.

« menaces adressées à la garnison, consentit à livrer la
« place le 3 mars, et seulement employa la journée à
« disputer sur les conditions. Il voulait sortir avec son
« artillerie. Le comte Woronzow, qui était présent, dit
« en russe à l'un des généraux : qu'il prenne son artil-
« lerie, s'il veut et la mienne avec et qu'il nous laisse
« passer l'Aisne ! — On se montra donc facile, et en
« concédant au général Moreau la capitulation la plus
« honorable, on lui fit consommer un acte qui faillit
« lui coûter la vie, qui coûta à Napoléon l'empire, et à
« la France sa grandeur. Le 3 au soir Bulow et Win-
« zintgerode se donnèrent la main sur l'Aisne, et c'est
« ainsi que le 4 mars dans la journée, Blucher trouva
« ouverte une porte qui aurait dû être fermée, trouva
« un renfort qui portait son armée à près de cent
« mille hommes, et fut sauvé en un clin-d'œil de ses
« propres fautes et du sort terrible que Napoléon lui
« avait préparé. »

Pour rétablir l'exactitude du fait et pour ne pas laisser
à la charge du général Moreau, déjà si maltraité, la
responsabilité de ce que M. Thiers lui reproche « d'a-
voir employé la journée du 3 mars à disputer sur les
conditions de la capitulation, » je vais encore faire un
emprunt au récit de M. Fleury parfaitement d'accord
avec la tradition locale :

(1) « A la suspension du feu, à l'apparition des parlementaires qui communiquaient incessamment de la
ville au camp et du camp à la ville, les Polonais avaient
compris ce qui se passait dans les régions supérieures
du commandement. Résolus à s'enterrer, s'il le fallait,
sous les ruines de la place, ces courageux soldats se
sentaient saisis d'une colère qu'ils ne craignaient pas

(1) M. Fleury ; *le Départem. de l'Aisne en* 1814 ; 2ᵉ édit. p. 229
et 230.

de laisser apparaître. Leurs sentiments s'exprimaient tout haut ; mais ils durent céder aux Russes les portes qu'ils avaient si bien défendues et se grouper sur la principale place de la ville en attendant l'heure du départ.

« Tout à coup, les détonations d'une canonnade lointaine firent tressaillir Français et Alliés. Cette fois, on n'en pouvait douter, on se battait à quelque distance de Soissons. Il était midi ; c'était l'heure où Marmont essayait de forcer la route à Vichel et où les vingt-quatre canons prussiens défendaient l'Ourcq et. couvraient la retraite de Kleist. Ce sont les Français ! c'est l'Empereur qui arrive ! s'écriait-on dans les rangs émotionnés de la petite garnison. Chaque décharge faisait bondir les cœurs. Les plus exaltés voulaient qu'on déchirât la capitulation ; on parlait de tirer sur les Russes quand ils entreraient. On savait que le général Moreau avait posé parmi ses conditions celle que dix pièces d'artillerie lui seraient laissées et que Winzintgerode n'en avaient accordé que deux. On criait qu'on était trompé, qu'on manquait au traité conclu, qu'il fallait chasser les occupants et se défendre. Woronzow, qui sentait la nécessité d'éviter un conflit inopportun, força les commissaires prussiens à céder de leurs prétentions : « donnez-leur les pièces qu'ils demandent », disait-il pressé d'en finir ; « qu'ils les emportent toutes et les miennes avec, s'ils le veulent ; mais qu'ils partent ! qu'ils partent ! » (1). On affirme aussi que, dans son empressement d'occuper Soissons, Winzintgerode entra dans la ville sur les deux heures, à la tête de quelques bataillons ; qu'en débouchant par la rue des Cordeliers, il se trouva face à face avec les Polonais, au

(1) Est-il nécessaire d'ajouter que ce fait se passa sur la place d'armes au moment du départ ?

colonel desquels il aurait dit : « Encore vous ! »
Kosynski aurait répondu qu'il était deux heures à
peine, que la capitulation forçait les Français à partir
seulement à quatre heures et qu'on ferait feu sur les
Russes s'ils ne se retiraient pas. Et Winzintgerode, tirant
sa montre : « C'est juste » aurait-il dit, « Messieurs en
arrière. »

« L'heure s'écoule lentement au gré de l'impatience
des Alliés, mais enfin le temps a marché. Il est quatre heures du soir. La garnison de Soissons, tambour
battant, l'arme au bras, défila par la porte Saint-Christophe devant les généraux ennemis qui la saluèrent, et
elle prit la route de Compiègne où elle arriva vers neuf
heures du soir. Elle avait été, aux termes de la convention, escortée par un piquet de cavalerie russe qui la
conduisit jusqu'aux avant-postes ennemis placés à peu
près à égale distance des deux villes de Compiègne et
de Soissons. »

Je ne rapporterai pas ici les versions diverses des
historiens sur le jour et l'heure de l'entrée à Soissons
de l'armée de Blucher que M. Thiers ne fait arriver
que dans la journée du 4 mars. M. Fleury, auquel je
renvoie, les discute aux pages 231 et suivantes de la
seconde édition de son histoire. Mais comme le témoignage d'un témoin oculaire vaut bien, selon moi, l'autorité d'historiens dont les récits sont contradictoires,
je vais extraire quelques passages de mes *souvenirs de
1814, ou renseignements inédits* adressés à M. Fleury
en 1858, attestant l'heure précise de l'arrivée des Prussiens dans le faubourg Saint-Waast, rive droite, et du
passage de l'armée de Silésie sur le pont de Soissons.

« Le 3 mars vers cinq heures du soir des coups redou-
blés se font entendre de l'autre côté de la rivière ; bientôt le bruit se rapproche de nous et les maisons du
faubourg les plus voisines du pont sont, à leur tour,

attaquées. Vous jugez, Monsieur, dans quelle transe
nous nous trouvions : c'était l'assaut des maisons de la
rue que nous habitions. La nôtre était la troisième à
droite en descendant le pont... En vain on courut à la
porte pour la leur ouvrir ; ils l'enfoncèrent à coups de
pieds.

« Quels étaient les hôtes qui nous arrivaient si bru-
talement? c'était une compagnie de Prussiens composée
d'une vingtaine d'hommes peut-être, je n'en sais pas le
nombre, commandée par un sergent-major. Ils commencèrent par demander à boire et à manger en s'ins-
tallant dans la salle que nous habitions et dans celle
d'à côté... Il y en avait heureusement parmi eux
quelques-uns qui parlaient un peu français. Bientôt ils
demandèrent de l'eau-de-vie : nous n'en avions pas. Ils
ne se contentèrent pas des raisons qu'on put leur donner
pour éviter de satisfaire ce caprice. Ils se fâchèrent et
ordonnèrent qu'on en allât chercher. Aller de nuit en
ville où, comme la nôtre, toutes les maisons devaient
être envahies... n'était pas chose facile... Déjà l'armée
défilait en colonnes serrées, et toutes les rues et le pont
étaient encombrés d'hommes, de chevaux, de voitures
ou de pièces d'artillerie... Il fallut pourtant se décider :
ma sœur aînée, portant une cruche, accompagnée d'un
Prussien qui lui donnait le bras et de mon frère qui
les suivait derrière, tous trois s'acheminèrent vers la
ville à travers ces masses profondes où le Prussien se
faisait faire un passage... En passant dans la rue du
Chat-Lié, ils virent le magasin d'épicerie du Chef-St-
Denis, alors au pillage, ayant au milieu une pipe
d'eau-de-vie défoncée où les soldats allaient puiser.
Notre Prussien prit la cruche des mains de ma sœur et
alla l'emplir, puis ils revinrent au logis. L'inquiétude de
ma mère croissait à chaque instant. Qu'allait-il résulter
de ces abondantes libations spiritueuses ? C'est surtout

pour ses deux filles qu'elle tremblait... (heureusement elle n'eut que la peur). En cercle autour du feu, le plus grand nombre se mirent à chanter... Tandis qu'ils chantaient, l'un d'eux tira de son havre-sac un violon, en releva le chevalet, tendit les cordes qu'il accorda et se mit à en jouer ; ce qui donna à quelques-uns de ses camarades l'envie de danser. Déjà l'orchestre était installé et plusieurs Prussiens valsaient ensemble, quand d'autres vinrent auprès de mes sœurs pour les inviter à valser. Elles n'étaient guère disposées à les satisfaire ; il le fallut néanmoins quand l'un d'eux, le sabre nu à la main, vint galamment en faire l'invitation à leur mère. On les conduisit dans la salle de bal où l'on valsa raisonnablement et avec convenance. Mes sœurs furent ensuite reconduites poliment à leurs places, où elles reçurent les remerciements de leurs cavaliers. Je vous le demande, Monsieur, qu'auraient fait de mieux, en pays conquis, nos chevaliers français? C'étaient pourtant des Prussiens, de ces Prussiens qui, quinze jours auparavant , selon le *Moniteur* et les rapports des habitants que vous enregistrez dans votre histoire, commettaient tant d'atrocités dans Château-Thierry. » C'étaient des soldats de cette armée de Silésie que des rapports erronés et pleins d'exagération montraient à l'Empereur comme fuyant dans une véritable déroute ; comme encombrant les chemins de ses bagages et de son artillerie que la boue ne voulait plus lui rendre. Les voilà, non pas harassés de fatigue, ne songeant qu'à se reposer et à dormir ; mais gais, dispos, chantant et valsant. C'était la joie, dira-t-on peut-être, de se trouver enfin sur cette rive droite de l'Aisne qu'ils ne devaient pas franchir ; échappés par miracle de ce coupe-gorge affreux dans lequel ils étaient tombés, et sauvés en un clin d'œil du sort terrible que Napoléon leur avait préparé ! Non, ces soldats si insouciants en apparence des maux de la guerre ne se croyaient pas hors de danger.

« Pendant ces chants et ces danses, nous avions remarqué qu'un de ces Prussiens n'avait pris aucune part aux délassements de ses compagnons d'armes. Assis dans un coin, un livre de prières à la main, il priait Dieu avec la plus grande ferveur, entremêlant ses prières de nombreux signes de croix. Ma mère, curieuse de savoir pourquoi il priait ainsi, s'adressa à l'un de ceux qui entendaient un peu le français et lui en demanda la raison. « Ah madame ! », lui répondit-il, « nous rions, nous chantons, nous dansons ce soir ; mais demain ! » Puis étendant le bras au sud-ouest et à l'ouest, vers La Ferté-Milon, Villers-Cotterêts et Compiègne, il dit : « Françouses, là ; Françouses, là ; Françouses, là. Puis montrant le nord et le nord-est en prenant un air plus inquiet et appuyant d'avantage sur les mots, il répète encore : « Françouses, là ! » Ensuite montrant vaguement un point éloigné, et levant les épaules en soupirant : « Frédéric, Alexandre, là. » Enfin se tournant vers le sud et le sud-est et traçant avec la main un demi-cercle : « Napoléone, là !!! Rousses, Prousses, ici demain toutes capoutes. » Tel est littéralement l'explication qu'il donna, et que j'entendis, des prières de son dévot camarade. Effectivement, dès le matin, à la pointe du jour, le tambour battit ; ils prirent leurs armes et leurs sacs et coururent sur les remparts. Ils revinrent vers midi en se réjouissant et en répétant : « Françouses, pas venir ; Françouses, pas venir ! »

Evidemment l'armée de Silésie, jusqu'aux simples soldats, était plus au courant de la position de l'armée française et des projets de Napoléon, que l'Empereur et l'armée française ne l'étaient des plans et de la position des armées de Blucher, de Bulow et de Winzintgerode. Les Prussiens, on le voit parce que je viens de raconter, connaissaient le projet récemment conçu par l'Empereur et les ordres qu'il avait envoyés au général Maison de quitter les villes frontières et d'inquiéter l'ennemi sur ses derrières. (1) « Parmi les dépêches que les innombrables patrouilles de cosaques saisirent, dit M. Fleury, peut-être s'en trouvait-il une qui instruisît les généraux alliés du danger qu'ils pouvaient courir du côté du nord, si Maison eût su répondre à l'attente de Napoléon. » De là cette inquiétude des Prussiens et l'empressement de Blucher à se porter sur Laon, position formidable. Cela explique aussi pourquoi Woronzow et Winzintgerode s'empressèrent tant de se rendre maîtres de Soissons, quand ils entendirent la canonnade de Neuilly-Saint-Front.

La compagnie de Prussiens dont je viens de parler nous quitta dans l'après-midi du 4 mars. L'armée prussienne avait alors, avant l'arrivée de Napoléon à Fismes, effectué son passage de l'Aisne, non-seulement sur le pont de Soissons et sur celui construit par Bulow entre Saint-Médard et le faubourg Saint-Crépin, peut-être aussi à Vénizel ; mais encore sur un autre pont établi à l'entrée du Mail au moyen de bateaux pris dans le port de Soissons ; l'équipage de pont de Blucher resta abandonné dans le faubourg en dehors de la porte Saint-Martin. Il ne restait plus guère, sur la rive gauche de l'Aisne, qu'une partie du corps de Winzintgerode pour couvrir et défendre la ville, tandis que le reste employa la nuit du 4 à se diriger sur Craonne et Berry-au-Bac.

Le lendemain 5 mars, il se passa devant Soissons un événement dont ni le *Moniteur*, ni M. Thiers ne se sont occupés ; peut-être par une raison bien simple : c'est un échec essuyé par les maréchaux Marmont et Mortier ;

_____

(1) M. Fleury, *le Départem. de l'Aisne en 1814*, 2e édit., p. 237.

événement bien désastreux pour la ville qui perdit par le feu, en cette triste circonstance, son Hôtel-de-Ville et son Tribunal civil, avec toutes les archives sans compter plusieurs maisons et établissements particuliers. Cet événement prouve péremptoirement que si la garnison de Soissons avait été suffisante, elle aurait peut-être pu, le 3 et le 4 mars, résister aux attaques des alliés, comme ceux-ci résistèrent à celle de nos maréchaux.

(1) « Nous avons dit que les ducs de Raguse et de Trévise suivaient à peu près à une journée de marche, les corps qui couvraient la retraite de Blucher. C'est en arrivant à Hartennes et le 4 vers midi qu'ils apprirent la capitulation de Soissons et les détails quelque peu erronés de la journée du 3. On disait que la place s'était rendue sans avoir fait de résistance, sans avoir tiré un coup de fusil. Cette nouvelle sur laquelle ils ne comptaient pas, changea les dispositions des deux maréchaux et leur fit sentir le besoin d'attendre des ordres nouveaux de l'Empereur dont les plans devraient nécessairement éprouver de profondes modifications. Ils s'arrêtèrent à Hartennes pour être plus à portée de Napoléon, dans le cas où il les appellerait à lui et leur ordonnerait de marcher sur Braine ; ils poussèrent une forte reconnaissance à Buzancy qu'ils trouvèrent gardé par une avant-garde ; elle recula devant eux. Ils établirent leur armée en arrière de ce village et se bornèrent à pousser sur Soissons une colonne de cavalerie appuyée par une brigade d'infanterie. La ville était couverte à ce moment-là par une cavalerie nombreuse que soutenaient des masses d'infanterie, enfin tout ce qui n'avait point encore passé l'Aisne.

D'Hartennes, le maréchal Marmont écrivit à la fois à l'Empereur pour lui demander des ordres sans retard,

(1) M. Fleury, le Départem. de l'Aisne en 1814, 2, édit., p. 247 et suiv.

et au ministre de la guerre pour lui apprendre que Soissons était aux mains de l'ennemi. « C'est à neuf heures du matin, hier, » disait-il, dans sa lettre au ministre, « que Soissons s'est rendu sans avoir tiré un seul coup de fusil. La garnison, qui n'est point prisonnière de guerre, est sortie pour se rendre à Villers-Cotterêts avec deux pièces de canon. C'est à ce qu'il me semble une belle occasion pour faire pendre un commandant de place (1). Winzintgerode et Tzernitscheff sont à Soissons. C'est ce dernier qui a fait prendre la ville. »

« A la fin de sa lettre, Marmont disait au ministre qu'il était extrêmement impatient de savoir comment l'Empereur voudrait qu'il opérât et qu'il attendrait ses ordres avec anxiété. Des rapports incomplets modifièrent cette première résolution. « Les nouvelles de cette nuit, » écrivait-il d'Hartennes, le 5 mars à six heures du matin, m'annoncent que l'ennemi se retire sur Laon, et que d'après cela il est assez probable qu'il n'a pas l'intention de défendre Soissons. Je m'y porte sans retard et je me mets en marche pour cette ville. Le duc de Trévise qui partage mon opinion, suit mon mouvement (2).» Marmont se trompait : Soissons, gardé par les troupes de Rudzewitch, devait se défendre vigoureusement.

« Les maréchaux descendant des hauteurs de Buzancy et de Noyant, occupèrent Belleu et attaquèrent le faubourg Saint-Crépin défendu par le général Kern avec deux régiments, tandis que leur artillerie battait la muraille du côté de Villeneuve et même échangeait quelques boulets avec les troupes ennemies qui se mouvaient de l'autre côté de la rivière. Pour détourner

(1) Arch. du minist. de la guerre.
(2) *Idem.*

l'attention des Russes, le général Christiani jeta ses tirailleurs jusqu'aux premières maisons du faubourg Saint-Christophe que gardait le colonel Durnow, tandis que Ricard s'efforçait d'enlever le faubourg St-Crépin. De ce côté les Français eurent d'abord l'avantage ; les Russes vivement assaillis furent chassés du faubourg qu'ils laissèrent rempli de leurs morts pour rentrer dans la ville. Leur perte sur ce seul point se montaient à près de deux mille morts ou blessés, dit-on (1). Quelques Français pénétrèrent même, le soir, jusqu'auprès du pont, après avoir escaladé le rempart mal gardé aux environs de la Tour-du-Diable, tentative dont l'audace coûta la vie à ses auteurs tués par la mitraille ou jetés à la rivière. La réussite des maréchaux devait se borner à la prise du faubourg Saint-Crépin. Arrêtés au pied de la muraille par un feu supérieur et incessant, leurs soldats ne purent tenter l'assaut. L'artillerie française, répondant à celle des remparts, couvrit la ville de ses projectiles qui portaient partout la mort, la ruine et l'incendie... »

En attaquant Soissons par le faubourg Saint-Crépin, les maréchaux coupaient, il est vrai, la route de Reims à l'ennemi et pouvaient ainsi lui enlever la ressource des ponts volants de Vénizel et de Saint-Médard, en s'en emparant ou en les rompant; mais ils se heurtaient fatalement contre le point le mieux fortifié de la ville... Ils échouèrent dans leur tentative.

(2) « Ce fut à Fismes », dit M. Fleury, « que Napopoléon reçut la lettre par laquelle Marmont lui annonçait que Soissons avait été rendu aux alliés qui avaient passé l'Aisne. Il resta un instant écrasé par cette

(1) « La perte du général Rudzewitch fut en cette occasion. de 1056 hommes tués ou blessés. » Plans des batailles livrées par les armées prussiennes en 1813, 1814 et 1815.

(2) M. Fleury. le Départ. de l'Aisne en 1814; 2ᵉ édit., p. 256 et 257.

nouvelle à laquelle rien ne l'avait préparé. Quand il demanda le nom de l'officier qui commandait dans la place et qu'on lui apprit qu'il s'appelait Moreau : « Ce nom » s'écria-t-il « m'a toujours été fatal ! » Dans une lettre du duc de Feltre au duc de Tarente qui était à Nogent-snr-Marne, nous lisons ce passage : « l'Empereur était hier à Fismes, jetant un pont sur l'Aisne en avant de cette position. Sa Majesté est indignée de la capitulation de Soissons (1)....

« L'effet produit par la chûte de Soissons, ajoute le même historien, fut terrible partout. En instruisant l'Empereur de cet événement, le ministre de la guerre l'appelle « la désastreuse capitulation de Soissons. »

« La défaite du duc de Dalmatie et la reddition de Soissons ont beaucoup détérioré l'opinion aujourd'hui (2), » écrivait à Napoléon le roi Joseph en lui envoyant l'original de la capitulation, et le lendemain il dit encore dans une nouvelle lettre à l'Empereur : « Vos nouvelles sont toujours bonnes ; mais voyez combien il faut qu'elles le soient pour contrebalancer le mauvais effet produit par la retraite du duc de Dalmatie et la chûte de Soissons. »

Les auteurs des *Victoires et conquêtes*, anciens militaires et hommes de lettres, disent de leur côté : (3) « Si la révolution du 31 mars sauva la tête ou l'honneur au général Moreau et aux officiers qui composaient le conseil de défense, ils n'en furent pas moins condamnés par toute l'armée française, qui ne doutait pas que, sans la reddition de Soissons, c'en était fait de l'armée de Blucher, dont la destruction devait entraîner la retraite de toutes les forces de la coalition..... »

(1) *Archives du ministère de la guerre.*
(2) *Mémoires du roi Joseph.*
(3) *Victoires, conquêtes, revers,* etc. t. 23 p. 140.

Heureusement ces condamnations ne sont pas sans appel. On comprend facilement que Napoléon et les personnes de son gouvernement; que ses généraux et toute son armée ; que le duc de Feltre, ministre de la guerre ; que les écrivains militaires et les hommes de lettres qui ont porté un jugement sur ce fait, contemporains ou non des événements, mais étrangers à Soissons, ou absents de cette ville à cette époque; conséquemment peu aptes à juger impartialement et en connaissance de cause les événements qui s'y sont accomplis; accusent le commandant Moreau et la garnison de Soissons en rejettant sur eux la chûte du premier Empire : en effet Napoléon et son armée éloignés de Soissons au 3 mars 1814 ; qui n'y mirent le pied qu'un instant et dans les embarras d'une déroute, après la bataille de Laon ; qui n'appréciaient souvent les opérations et les marches de l'ennemi que parce qu'ils entendaient dire ou espéraient obtenir; trompés maintes fois par des rapports inexacts et exagérés, pouvaient-ils juger sainement et impartialement un événement qui trompait leurs espérances bien ou mal fondées et qui s'était accompli loin d'eux? Pouvaient-ils être juges intègres dans leur propre cause ? Connaissaient-ils les projets des ennemis, leur plan d'opérations, l'état des fortifications de Soissons et de sa garnison ? Evidemment non. De quel poids alors doivent peser, dans la balance de l'histoire, leurs imputations et leurs affirmations? Ce n'est point sur ces témoignages intéressés que l'histoire dira son dernier mot, mais sur des documents plus certains ; aussi un Soissonnais, témoin oculaire des événements de Soissons en 1814, ne peut-il voir sans émotion et sans regrets qu'après un demi-siècle un écrivain du premier ordre, avec tout le prestige d'un style et d'une éloquence justement et universellement admirés, accuse Soissons et ses défenseurs,

sans autre appui que ces affirmations, d'être la cause
de la chûte du premier Empire, quand il existe pour
les contredire tant de preuves officielles et authentiques.

Après quarante-six ans d'intervalle, M. Thiers semble
écrire l'histoire de notre campagne de 1814, en regar-
dant au travers du même prisme qui faisait voir à
à l'Empereur les choses autrement que ce qu'elles
étaient réellement. (1) « On comprend donc » dit-il au
sujet de la capitulation de Soissons, « que Napoléon
« écrivit la lettre suivante au ministre de la guerre. »

« Fismes, 5 mars 1814,

« L'ennemi était dans le plus grand embarras, et
« nous espérions aujourd'hui recueillir le fruit de quel-
« ques jours de fatigue, lorsque la trahison ou la bêtise
« du commandant de Soissons leur a livré la place. Le
« 3 mars à midi, il est sorti avec les honneurs de la
« guerre, et a emmené quatre pièces de canon. Faites
« arrêter ce misérable ainsi que les membres du con-
« seil de défense ; faites-les traduire par devant une
« commission militaire, composée de généraux, et, pour
« Dieu ! faites en sorte qu'ils soient fusillés dans les
« vingt-quatre heures sur la place de Grève. Il est
« temps de faire des exemples. Que la sentence soit
« bien motivée, imprimée, affichée partout. J'en suis
« réduit à jeter un pont de chevalets sur l'Aisne, et cela
« me fera perdre trente-six heures et me donne toute
« espèce d'embarras. »

Cette lettre n'est pas la seule que Napoléon ait écrite
à cette occasion ; il y en a une autre qui, quoique rédi-
gée dans des termes à peu près identiques, fait mieux
ressortir, par un seul mot, les illusions et les vaines

(1) M. Thiers; *Hist. du Consul. et de l'Emp'*, t. 17 p. 449,

espérances de Napoléon trompé par des rapports inexacts. Voici celle qu'il écrivit le même jour au matin au roi Joseph :

(1) « Mon frère, je croyais que le duc de Raguse avait été hier à Soissons, mais le général qui commandait dans cette place a eu l'infamie de l'évacuer sans tirer un seul coup de fusil, il s'est retiré avec tout son monde, avec les honneurs de la guerre et quatre pièces de canon ; il est à Villers-Cotterêts. Je donne ordre au ministre de la guerre de le faire arrêter et juger par un conseil de guerre et passer par les armes. Il faut qu'il soit fusillé au milieu de la place de Grève, et qu'on donne beaucoup d'éclat à son exécution. Il faut faire imprimer sa sentence avec un bon considérant. Cette affaire nous fait un tort incalculable. J'aurais été à Laon, et il n'y a pas de doute que l'armée ennemie était perdue et tombait en dissolution. Actuellement il faut que je manœuvre et perde beaucoup de temps à faire des ponts. Veillez à ce qu'on fasse enfin un exemple. »

Ces deux lettres foudroyantes avaient été rédigées sous l'influence de celle que l'Empereur venait de recevoir du maréchal Marmont qui, (comme on l'a vu p. 117 et 118) d'Hartennes et mal renseigné, écrivit à Napoléon pour lui demander ses ordres. Ce n'est point comme le disait ces lettres, sans avoir tiré un seul coup de fusil, mais (on l'a vu plus haut), après quatorze heures d'une lutte acharnée et après s'être assuré par lui-même de l'accroissement considérable du nombre des assiégeants pendant la nuit, que le commandant Moreau a capitulé le 3 mars à neuf heures du matin ; ce n'est point à midi, mais à quatre heures du soir qu'il s'est retiré, non pas avec tout son monde, puisqu'il « avait

(1) M. Fleury ; *le départ. de l'Aisne en* 1814 ; 2ᵉ édit. p. 257 et 258.

perdu 143 soldats mis hors de combat » ; ni avec quatre
canons seulement, mais avec dix pièces et quelques
caissons ; ce n'est pas non plus à Villers-Cotterêts qu'il
se rendit, mais à Compiègne (1) « ainsi que nous le
savons et comme le prouvera péremptoirement cette
lettre du général Hullin au ministre de la guerre :
« Monseigneur, le général Avice, commandant le département de l'Oise vient de m'informer que la garnison
de Soissons, conduite par le général Moreau, commandant cette place, était arrivée hier à quatre heures du
matin à Compiègne. Cette garnison est composée du
bataillon de la Vistule, cent éclaireurs à cheval de la
garde, d'une compagnie d'artillerie à pied et quelques
soldats du train, plus dix pièces de canon et quelques
caissons. » (arch. du minist. de la guerre). »

Les deux lettres impériales sont donc aussi inexactes
que le rapport qui les a provoquées.

Que Napoléon voyant ses espérances déjouées, ses
illusions détruites par le passage de Blucher sur la rive
droite de l'Aisne, attribué à tort ou à raison à la capitulation de Moreau, se soit livré à la plus violente colère
contre ce commandant; que dans ce moment d'exaspé-
ration il ait écrit les deux lettres qu'on vient de lire,
cela se comprend ; mais ne prouve pas que l'Empereur
avait raison et que Moreau soit coupable. Ces lettres ne
sont pas plus l'histoire « que les journaux et les bulle-
tins » pour me servir des expressions de Napoléon lui-
même (2) « ne sont l'histoire »; et l'historien qui les
prendrait pour base de son récit, sans tenir compte des
autres circonstances et des autres documents fournis

(1) M. Fleury; *le Départ. de l'Aisne en 1814*, 2ᵉ édit. p. 258, note.

(2) Lettre de Napoléon au roi Joseph du 23 février 1814. — *Mémoires du roi Joseph, correspondances*, t. 10 p. 15 — M. Fleury; *le Départ. de l'Aisne en 1814*; 2ᵉ édit. p. 403.

par les événements, s'exposerait à rester à côté de la vérité.

Sans être un apologiste de Blucher et sans fausser l'histoire, un écrivain consciencieux ne peut-il pas dire : Moreau ne fut pas aussi coupable, ni Blucher placé dans une aussi mauvaise position que Napoléon l'a cru ? Le désappointement de l'Empereur à Fismes n'est-il pas la conséquence 1° de l'échec éprouvé par lui à Méry par l'incendie de cette ville et par l'apparition de Blucher ; 2° de la rupture du pont de La Ferté-sous-Jouarre sur la Marne ; obstacle que Blucher, en rompant ce pont, mit entre Napoléon et lui et que l'Empereur ne put franchir qu'après trente-six heures d'attente ; 3° et des échecs de Blucher à Meaux et sur les rives de l'Ourcq à Gué-à-Tresmes, à Lizy, plutôt que la capitulation de Moreau qui ne pouvait d'ailleurs, ni prévoir, ni deviner ces événements ? Cet écrivain ne peut-il pas ajouter que la marche de Blucher de Méry sur Sézanne avait été combinée entre le général prussien et les généraux Winzintgerode et Bulow qui, de leur côté, devaient reprendre Soissons, non-seulement pour faire leur jonction entre eux ; mais encore pour couvrir leurs derrières et ceux de Blucher et assurer leurs communications avec la Belgique ? Que si Moreau n'avait pas capitulé le 3 au matin, il est plus que probable que ce jour-là même Soissons aurait été emporté d'assaut, ou que l'équipage de pont de Blucher, conjointement avec ceux de Vénizel et de Saint-Médard construits par Bulow, auraient suffi pour transporter l'armée de Silésie et le corps de Winzintgerode de la rive gauche sur la rive droite de l'Aisne ? Qu'enfin en arrivant à Fismes le 4 mars au soir Napoléon se fût encore trouvé dans la position critique indiquée par ses lettres ?

Malgré tout, à part sa colère, l'Empereur après le coup manqué de Soissons, ne s'est pas cru perdu : n'a-

t-il pas encore tenté deux fois la fortune à Craonne, à
Laon ? Au fond, dans ses deux lettres du 5 mars, Napoléon n'a exprimé que deux regrets : 1º de n'avoir pu
recueillir le fruit de quelques jours de fatigue ; et 2º
d'en être réduit à jeter un pont de chevalets sur l'Aisne.
Il croyait si peu avoir acculé Blucher à cette rivière,
qu'avant de le savoir maître de Soissons il le voyait
déjà s'enfuyant par Laon sur Avesnes.

Qu'aurait-on dit de la capitulation de Soissons si la
tentative de Napoléon sur Laon eût réussi et que l'ennemi eût été rejeté au-delà d'Avesnes comme il l'avait
été déjà jusqu'à Troyes ? Rien probablement. Cette capitulation n'est donc pas un événement aussi grave qu'on
l'a dit ; les deux chûtes de Soissons ne sont pas en effet
les deux écueils contre lesq els a sombré la fortune de
Napoléon. Ces deux écueils : ce sont Craonne et Laon
ce Waterloo de 1814, où l'armée française tomba de
Carybde en Scylla !

Au lieu de s'abandonner aux illusions de l'Empereur
qui, de Fismes, croyait qu'il aurait été *à Laon* et que
l'armée ennemie aurait été perdue et serait tombée en
dissolution si Soissons ne se fût pas rendu, on pourrait, à la vue de cette grande perplexité de Napoléon,
exprimer ce regret : que n'avait-il à sa disposition l'é-
quipage de pont que Blucher, comme pour se railler de
son adversaire, venait d'abandonner sans nécessité, sur
la rive gauche de l'Aisne à la porte de Soissons ; équipage que les Français vont recueillir après la bataille
de Craonne? Ou cet autre regret : Pourquoi ses illusions de la veille, exprimées dans une lettre à son frère
Joseph en date de Fismes le 4 mars au soir, ne se sont-
elles pas réalisées ?

(1) « Mon frère, je suis arrivé à Fismes » écrivait

(1) M. Fleury ; *le Départem. de l'Aisne en* 1814, 2º édit. p. 254.

Napoléon au roi Joseph avant d'avoir reçu la fâcheuse nouvelle ; « l'ennemi a été poussé dans toutes les directions ; on lui a ramassé deux mille prisonniers et pris cinq à six cents voitures de bagages et caissons. Le duc de Raguse doit être à Soissons et mes coureurs sont sur Reims. L'ennemi paraît se diriger sur Laon et Avesnes, il est dans le plus grand désarroi. »

Cette lettre du 4 mars rapprochée des deux autres écrites le lendemain offre avec celles-ci une contradiction manifeste : « L'ennemi a été poussé dans toutes « les directions » dit l'Empereur. Cet ennemi quel est-il ? Ce n'est ni Bulow ni Winzintgerode qui, attaquant Soissons le 2 mars, s'en rendent maîtres le 3. Ce sont 1° Blucher, parti le 1er mars des bords de l'Ourcq se dirigeant sur Soissons, dont l'arrière-garde fut suivie à une journée de marche par les ducs de Raguse et de Trévise jusqu'à Nenilly-Saint-Front où elle s'arrêta pour donner au corps d'armée de Blucher le temps de passer l'Aisne et où les maréchaux l'attaquèrent. La lutte fut longue et acharnée, mais l'ennemi put se retirer sans être poursuivi : les maréchaux s'arrêtèrent à Hartennes, le 4, en apprenant la reddition de Soissons. 2° Et (1) « un détachement prussien sous les ordres du major Falkenhausen, qui occupait Château-Thierry et que, le 3 mars, les ducs de Padoue et de Bellune attaquèrent et poursuivirent jusqu'à Fère-en-Tardenois, où des forces envoyées à leur secours les recueillirent et arrêtèrent les cavaliers français. » L'Empereur ajoute : « le duc de Raguse doit être à Soissons... L'ennemi paraît se diriger sur Laon et Avesnes. » La pensée de Napoléon en arrivant à Fismes était donc que l'ennemi avait dû passer l'Aisne, sinon sur le pont de Soissons, du moins sur d'autres, puisqu'il

(1) M. Fleury; *Le Départem. de l'Aisne en 1814*, 2ᵉ édit., p. 253.

lui semblait déjà le voir se dirigeant sur Laon et sur
Avesnes et qu'il croyait le duc de Raguse, qui était à
sa poursuite, devoir être arrivé à Soissons? Cette pensée
est d'autant plus réelle qu'elle est confirmée par (1)
« deux lettres de l'Empereur écrites de Fère-en-Tardenois, le 4 mars, à une heure après-midi, adressées l'une
au roi Joseph à qui Napoléon annonce qu'il va descendre sur Fismes avec la garde et le maréchal Ney; l'autre
au duc de Raguse et dans laquelle pour la première fois
apparaît l'intention de l'Empereur de prendre Laon pour
but de ses opérations. « M. le duc, » écrivait Berthier
à Marmont: le quartier général sera ce soir à Fismes,
le duc de Bellune à Fère-en-Tardenois. L'Empereur
attend de vos nouvelles. Si l'ennemi a marché sur Soissons, c'est vraisemblablement pour se porter sur Laon,
et si vous êtes à Soissons avec le duc de Trévise, nous
pourrons, de notre côté, arriver en même temps que
vous à Laon. Comme l'ennemi n'aura pas pu prendre la
place de Soissons qu'on dit bien gardée, il aura sûrement quitté la route et jeté un pont sur l'Aisne. »

Cette lettre qui ne fait pressentir en aucune façon que
l'Aisne soit l'obstacle contre lequel Blucher doit être
acculé; (l'ennemi aura *sûrement* quitté la route et jeté
un pont sur l'Aisne: cela est bien clair); ni que Soissons
a pu être pris par Winzintgerode et Bulow (circonstance que l'Empereur ignorait encore); cette lettre,
dis-je, démontre péremptoirement que, même aux yeux
de Napoléon, Blucher n'était pas, comme l'Empereur
le dit le lendemain, « dans le plus grand embarras »
acculé à l'Aisne, et que l'espoir de Napoléon, exprimé
dans sa lettre du 5 mars au ministre de la guerre « de
recueillir le fruit de quelques jours de fatigues » était
trop vague, trop incertain pour pouvoir justifier, au

(1) M. Fleury; *le Départem. de l'Aisne en* 1814; 2ᵉ édit. p. 253.

point de vue de l'histoire, ces mesures de rigueur dictées dans un moment de colère, contre le général Moreau; mesures qui auraient été méritées, si effectivement le commandant de Soissons n'avait eu affaire qu'à l'armée de Blucher et eût rendu la ville « sans tirer un seul coup de fusil. » Telle n'était pas la situation: conséquemment, ce que dit M. Thiers, me paraît insoutenable pour ce qui concerne Soissons auquel je reviens.

On a vu plus haut (p. 18) que, jusqu'à la veille de la première apparition des Russes devant Soissons, le 12 février, la couronne du faubourg Saint-Waast, qu'ils allaient bientôt attaquer, avait été entièrement négligée; qu'aucun ouvrage n'y avait été commencé: négligence qui eut pour résultat la prise d'assaut de la ville le 14.

.Dès que les Français furent remis en possession de Soissons, c'est-à-dire le 20 février, sur les ordres de Napoléon de mettre la place en état de défense sérieuse et de la pourvoir d'une bonne garnison, on reprit les travaux avec vigueur. Cette fois on n'oublia pas le faubourg Saint-Waast, l'escalier de l'Echelle-Saint-Médard fut détruit; les grands arbres qui, de ce côté, formaient dans le fossé jusqu'au pied du mur un vaste quinconce, furent abattus; on creusa le sol au pied des vieilles courtines pour leur donner plus d'élévation; on démolit une petite maison appelée Sainte-Reine qui se trouvait sur le bord du fossé à la pointe du bastion de Saint-Waast, ainsi que le bureau de l'octroi à la Porte-Crouy, les bâtiments du four à plâtre qui l'avoisinaient et quelques autres maisons situées à l'angle des routes de Laon et de Coucy à l'exception de l'auberge du Point-du-Jour qui resta debout. On fit un tambour palissadé garni de chevaux de frise en avant du pont de la Porte-Crouy; on ferma d'une palissade et d'un fossé la gorge du faubourg du côté de la rivière ; on fit un barrage au pont de la Porte-Crouy et on introduisit dans le fossé qui entoure le faubourg l'eau de l'étang et du rû de Saint-Médard ; ce qui le mit à l'abri de l'escalade ; sur le rempart on commença à abattre les arbres qui en faisaient une magnifique promenade, et à élever des parapets en terre dont le parement fut fait avec les pierres de taille provenant de la démolition des maisons dont on vient de parler. Ces travaux exécutés en huit jours étaient loin d'être achevés le 2 mars, jour de la seconde attaque. Le faubourg fut armé de six pièces de canon : deux par bastion.

Sur le front sud de la ville où les travaux avaient été commencés dès le 19 janvier et étaient à peu près terminés depuis le bastion de l'arquebuse jusqu'à celui de la Bergerie, il y avait sur le rempart de chaque côté de la Porte Saint-Martin, deux pièces de canon ; l'une à gauche, enfilant la route de Château-Thierry depuis la porte jusqu'au coude de la route ; l'autre à droite, enfilant celle de Reims depuis la même porte jusqu'au coude de la route en avant du moulin Saint-Crépin ; deux autres pièces se trouvaient de chaque côté au milieu des courtines : la première, à droite, enfilait le faubourg Crise à partir du coude indiqué plus haut jusqu'au-delà du pont ; et la seconde à gauche enfilait le faubourg Saint-Crépin jusqu'au-delà de la rue de Pampelune. En outre de ces quatre pièces il y en avait deux autres sur chacun des deux bastions de l'Arquebuse et de la Bergerie dont aucune ne resta inactive le 2 mars. Il restait donc sur les vingt pièces dont Soissons était alors pourvu, six autres pièces pour le reste de la ville, c'est-à-dire une pièce pour chacun des bastions de la pointe Saint-Jean, de Myon, de Saint-Remy, de l'Evangile, de Saint-Pierre-à-la-Chaux et le jardin de la Sénatorerie. Voyons maintenant ce qui fut fait du 20 février

au 2 mars pour pourvoir Soissons d'une bonne garnison.

(1) « Au moment même, » dit l'historien du *Dépar-*
tement de l'Aisne en 1814, « où, le 4 mars, le ministre
de la guerre écrivait à l'Empereur que Moreau avait
promis de défendre Soissons jusqu'à toute extrémité, la
triste nouvelle lui arrivait que ce général venait de
capituler. » Mais à quelle date Moreau avait-il fait cette
promesse ? C'est vers le 22 février, en réponse à la lettre
du ministre qui l'envoie à Soissons en lui donnant des
instructions et en lui promettant pour garnison des
troupes qui n'arriveront pas. « Le duc de Feltre », continue l'historien, « avait reçu le matin même une lettre
où l'Empereur réclamait un rapport sur la force de la
garnison de Soissons. Cette garnison eût été suffisante,
répondait le ministre, si on m'eût obéi ; mais elle a été
imprudemment diminuée par le duc de Trévise qui, en
marchant sur Château-Thierry, a emmené trois cents
fantassins de la garde qu'il avait ordre de laisser et cent
chevaux du général Colbert, et l'Empereur a rappelé à
lui les deux mille cinq cents gardes mobiles partis d'Orléans. Mais la ville se défendra » disait le duc de Feltre, « parce que j'en ai expédié l'ordre exprès à Moreau
et il m'a accusé réception. » Il a fermé sa lettre, quand
arrive la fatale nouvelle, et il la rouvre pour y ajouter
ces lignes : « Au même moment on apporte au ministère de la guerre la lettre qui annonce la capitulation.
Les lettres que j'ai écrites au général Moreau pour le tenir
au courant des opérations et de l'approche de Votre
Majesté sont restées à Compiègne. » M. Thiers qui
ne cherche, dit-il, la vérité historique que dans les ordres
et les correspondances de l'Empereur, a-t-il eu connais-

_____

(1) M. Fleury ; *le Départem. de l'Aisne eu* 1814, 2ᵉ édit. p. 256
et 257. — *Arch. du Minist. de la guerre.*

sance de cette lettre qui justifie jusqu'à un certain point le général Moreau?

(1) « Comme Rusca et Berryer avant le premier siége », dit encore M. Fleury en un autre endroit, « le général Moreau écrivait chaque jour pour se plaindre de son abandon. Il envoyait, depuis le 27 février, courriers sur courriers à Paris, il réclamait et des officiers d'artillerie, et de la cavalerie pour éclairer la place, et des fonds pour payer des espions que jusque-là il avait soldé de ses propres deniers, et des ouvriers pour pousser les travaux. Ses derniers messages furent enlevés par l'ennemi qui, depuis le 27 février, avait jeté de la cavalerie légère dans les environs de Villers-Cotterêts, même jusqu'à Dammartin. »

Le gouverneur de Soissons avait donc été laissé sans forces suffisantes et dans la plus complète ignorance des faits qui s'étaient accomplis au sud et au sud-ouest de Soissons depuis qu'il y était arrivé, jusqu'au 2 mars qu'il fut assailli à la fois par les deux rives de l'Aisne. (Voir plus haut la note de la page 89.)

(2) « Pendant les rares moments où le bruit de la lutte cessait, des Polonais avaient cru entendre au loin, dans la direction de La Ferté-Milon, comme un bruit de canonnade. » Bruit vague dont on a reproché au général Moreau de n'avoir point écouté le rapprochement qu'en avait fait, dans le conseil de défense, le lieutenant-colonel du génie Saint-Hillier avec l'insistance, avec laquelle les généraux alliés sollicitaient la reddition. (3) « Un maire », dit encore M. Fleury, « qui avait assisté à l'entrée de Bulow dans la ville chef-lieu du département, s'était empressé d'en préve-

(1) M. Fleury; le Départem. de l'Aisne en 1814; 2ᵉ édit. p. 216.
(2) Idem; 2ᵉ édit. p. 220.
(3) Idem; 2ᵉ édit. p. 193.

nir Moreau ; les arrivants ne parlaient que de Soissons
dont ils avaient le nom sans cesse à la bouche. » L'attention du général Moreau devait donc se porter naturellement du côté de Laon. (1) « Sa préoccupation »,
ajoute le même historien, « va le rendre sourd et aveugle pour les signes qui devraient l'avertir que du côté
du sud il se passe aussi des faits auxquels il peut être
appelé à prendre une part importante. » Néanmoins
on est forcé de reconnaître que cette préoccupation ou
cette sollicitude n'était pas intempestive : les événements
ne la justifient que trop. C'est effectivement de Laon et
de Reims, qu'arrivent les ennemis contre lesquels la
garnison de Soissons se défend vaillamment. Quel
espoir doit donc laisser au général Moreau ce bruit
vague d'un combat lointain au sud-ouest quand, le
lendemain à l'aube, n'ayant reçu aucune nouvelle,
n'ayant reçu aucun secours, il voit de ce côté une nouvelle armée ennemie couvrir littéralement les plaines
que, la veille, les deux autres armées n'avaient pas
entièrement occupées ?

Entouré de tous côtés d'innombrables ennemis, quel
parti prendre ?

(2) « Dans la situation où l'on se trouvait », répond
M. Thiers, « essuyer l'assaut, y succomber, y périr jusqu'au dernier homme était un devoir sacré. »

Voilà, à plus de quarante ans de distance, comment
l'illustre historien, interprète le texte des deux lettres
de l'Empereur du 5 mars 1814. Mais, comme on l'a vu
plus haut, la situation des armées était inconnue au
général Moreau laissé entièrement isolé ; et cette situation donnée aux événements n'est qu'une illusion, je le
répète, qui s'est produite dans l'active imagination de

(1) M. Fleury ; *le Départem. de l'Aisne en 1814*, 2e édit. p. 194.
(2) M. Thiers ; *Hist. du Consul. et de l'Emp.*, t. 17, p. 447.

Napoléon et que l'histoire ne peut prendre pour la réalité. C'est donc à cette dernière qu'il faut s'arrêter et voir quelle était réellement la situation du général Moreau à Soissons.

M. Thiers reconnait d'abord que (1) « la place de « Soissons négligée depuis longtemps n'était pas en état « d'opposer une bien grande résistance à l'ennemi, « mais », dit-il, « avec de l'artillerie dont on ne man- « quait pas, et certains sacrifices que les circonstances « autorisaient, on pouvait s'y maintenir quelques jours, « et rester en possession du passage de l'Aisne. » Puis après avoir compris au nombre des moyens de défense, les prescriptions ordonnées soit par l'Empereur, soit par le ministre de la guerre, notamment l'ordre de brûler les bâtiments des faubourgs qui gênaient la défense, de miner le pont de l'Aisne, l'envoi de deux mille gardes nationaux ; il avoue que (2) « la place ne pouvait résis- « ter plus de deux à trois jours, car attaquée par cin- « quante mille hommes, ayant un millier d'hommes « pour garnison, des ouvrages en mauvais état, une « résistance tant soit peu prolongée était absolument « impossible »; que « les deux mille gardes nationaux « qui devaient se joindre aux Polonais n'étaient pas « venus »; que (3) « les maisons des faubourgs qui « gênaient la défense n'avaient pas été détruites »; et que « le pont n'avait pas été miné, ce qui était la faute « du gouverneur. » (4).

---

(1) M. Thiers, *Hist. du Consul. et de l'Emp.*, t. 17, p. 445.

(2) *Idem.*, t. 17, p. 446.

(3) « Les ordres arrivés de Paris » (avant le premier siège) « por- taient qu'il fallait les ménager, tout en prenant les mesures néces- saires à la défense. » Rapport du général Danloup Verdun. — M. Fleury ; *le Départem. de l'Aisne en* 1814 ; 2ᵉ édit. p. 60.

(4) Cette opération, exécutée en partie pendant le dernier siège sous le commandant Gérard, n'était pas aussi facile qu'on pou-

Mais ce que M. Thiers paraît oublier, c'est que cette artillerie dont à l'entendre on ne manquait pas, ne se composait que de dix-huit pièces de canon et deux obusiers; c'était juste deux pièces par bastion, quand il en aurait fallu au moins quatre sans compter celles dont les courtines pouvaient avoir besoin ; que les huit cents Polonais avec cent éclaireurs de la garde, une compagnie d'artillerie à pied et quelques soldats du train, composant la garnison, avaient à défendre un périmètre de quatre kilomètres , non compris celui des bastions dont le développement formait environ un total de quinze cents mètres de face ; et que ce n'était plus seulement contre les cinquante mille hommes composant les corps de Bulow et de Winzintgerode qu'ils eussent eu à se défendre les 3 mars et jours

- vait le croire. Il serait peut-être même douteux qu'elle eût pu être achevée pendant les quelques jours qui s'écoulèrent entre l'arrivée à Soissons du général Moreau et l'attaque du 2 mars. Voici ce qu'en 1858 j'écrivais à M. Fleury auteur de *le Département de l'Aisne en* 1814 qui, je ne sais pourquoi, à la page 437 de sa seconde édition, en ne suivant pas littéralement mon texte, a commis une erreur dans sa rectification :

« Ce travail qu'on voulut exécuter sur deux arches contiguës, la marinière et celle du milieu, ne fut pas aussi facile qu'on se l'était d'abord imaginé. Des quatre fourneaux de mine qu'on ouvrit, deux seulement, ceux de l'arche marinière nouvellement reconstruite, purent être terminés ; et cela parce que lors de sa reconstruction en 1809 et 1810, on avait ménagé entre les voussoirs des espaces convenables pour des éventualités de mine. Mais sur l'arche voisine il ne fut pas possible aux mineurs de creuser leurs conduits, tant le mortier était dur : ces deux fourneaux furent abandonnés. Je me rappelle que, lors de la démolition de l'arche marinière, l'ancien mortier était tellement dur qu'il fallait souvent près d'un quart d'heure pour en arracher un moellon gros comme les deux poings. Les outils cassaient plutôt que d'entamer ce mortier. » (*Souvenirs de* 1814 ; manuscrit contenant des renseignements inédits.)

suivants ; mais encore contre l'armée de Silésie qui ne comptait pas moins de trente mille hommes dont l'arrière-garde seule était occupée à maintenir, à Neuilly-Saint-Front, les maréchaux Marmont et Mortier : ce qui formait une masse d'assiégeants de près de quatre-vingts mille hommes.

Dans le résumé de sa conclusion de la campagne de 1814, que j'ai rapporté en commençant cette étude, M. Thiers exalte avec raison le courage de Napoléon qui, « se battant à Brienne, à la Rothière, dans la « proportion d'un contre quatre et même contre cinq, « étonne l'ennemi par la violence de ses coups. » Sans discuter ici quel fut le résultat de ces deux combats, je me demande dans quels termes se serait exprimé l'historien si, au lieu de capituler le 3 mars, Moreau et ses intrépides Polonais se fussent résignés, en combattant dans la proportion d'un contre quatre-vingts avec vingt pièces de canon contre cent, « à essuyer « l'assaut, à y succomber, à y périr jusqu'au dernier « homme »; Si, malgré cet acte héroïque accompli, je suppose, dans la matinée du 3 mars, Soissons fût une seconde fois tombé au pouvoir des alliés? A ses yeux, cet événement aurait-il été moins funeste que la capitulation? La face des choses aurait-elle été changée? Napoléon ne se fût-il pas trouvé précisément dans la même position critique où il se trouva, le 4 au soir, en arrivant à Fismes? La seconde chûte de Soissons n'est donc pas plus la cause de celle du premier Empire que ne le fut celle de cette même ville le 14 février.

Que ce soit par la faute du gouverneur, ou par toute autre cause que le pont de Soissons ne fut pas miné, ni les maisons des faubourgs détruites, là n'est pas la question. Dans l'hypothèse même, que cette destruction et cette mine eussent été exécutées ; que le pont même eût été rompu, la ville avec ses faibles moyens de défense

attaquée sur les deux rives de l'Aisne le 2 mars vers
dix heures du matin, (attaque qui se prolongea sans
discontinuer jusque vers le milieu de la nuit), pouvait-
elle résister pendant les journées du 3 et du 4 et même
celle du 5, contre des forces aussi formidables, sans
être prise ? Car il faut bien le reconnaître et ne le point
oublier : Napoléon n'arrivait à Fismes que le 4 au soir
et les maréchaux à Hartennes le même jour à midi ; ce
n'est donc que dans la journée du 5 que la destruction
de l'armée de Blucher et du corps de Winzintgerode
eût pu être, sinon exécutée, du moins tentée; en supposant toutefois qu'ils eussent été acculés à l'Aisne comme
l'espérait Napoléon qui, mal renseigné, avait pu compter
sans les ponts volants de Vénizel et de Saint-Médard
construits par Bulow, et sans l'équipage de pont de
Blucher. Les défenseurs de Soissons quelque braves et
intrépides qu'ils fussent, pouvaient-ils raisonnablement
espérer, dans les proportions d'un contre quatre-vingts,
pouvoir encore se défendre, je ne dis pas trois jours ;
ce qui eût été cependant indispensable pour la réalisa-
tion des espérances de l'Empereur; mais seulement
toute la journée du 3 mars ? Voilà la question pour ce
qui concerne la responsabilité du général Moreau.

Le conseil d'enquête a opiné, le 24 mars 1814, pour
l'affirmative. Pouvait-il en être autrement après le
terrible réquisitoire de Napoléon ? Parmi ses motifs on
remarque celui-ci : (1) « Si le général Moreau parlait
dans son rapport d'échelles préparées pour l'assaut, ce
n'était que sur des on dit et sur des présomptions que
l'ennemi possédait un amas de ces moyens d'attaque
dans ses bagages. »

Non ce n'est point sur *des on dit* que Moreau en a
parlé dans son rapport adressé le 4 mars de Compiégne

(1) M. Fleury; *le Départem. de l'Aisne en 1814;* 2ᵉ édit. p. 518.
— *Arch. du minist. de la guerre).*

au ministre de la guerre. D'où lui seraient venus ces
on-dit, lui qui n'avait reçu aucune communication du
dehors ? Il voit sur la route de Reims circuler des voitures qui amènent des échelles d'assaut : est-ce une
hallucination ? Sont-ce *des présomptions* mal fondées ?
Non, c'est pour le général Moreau la trop désolante
réalité ! Voici ce que dit un historien de Reims con-
temporain des événements de 1814, dont l'ouvrage a
été publié en 1817 : (1) « Deux ou trois jours avant leur
départ » (de Reims le 1er mars) « les Russes travaillèrent à faire des échelles. Ils se disposaient au siége
de Soissons. » Le général Moreau ne s'était donc pas
trompé sur ce point : on ne peut trop le répéter.

Le conseil d'enquête appuya surtout sa décision
d'abord sur l'insistance des parlementaires ennemis et
la facilité singulière avec laquelle ils avaient admis
qu'on pouvait s'entendre sur les conditions posées par
le général Moreau ; ensuite sur le témoignage du lieutenant-colonel Saint-Hillier se fondant (2) « sur le bruit
lointain du canon entendu de Soissons dans l'après-midi
du 2 mars, qu'il avait signalé aux officiers supérieurs
réunis en conseil de défense le 3 mars, à trois heures
du matin et qu'il avait proposé formellement de retarder
d'au moins vingt-quatre heures la reddition de la ville
à laquelle ce bruit semblait annoncer un secours pro-
chain. Tout au moins indiquait-il qu'on se battait aux
environs. » L'auteur de cette opinion devait encore
ignorer, à 3 heures du matin, l'arrivée devant Soissons
de l'armée de Silésie qui ne commença que dans la
même nuit à couvrir les plaines de l'ouest de la ville :
cette connaissance eût pu peut-être le faire changer

---

(1) Géruzez ; *Description hist. et statistiq. de la ville de Reims*,
1817, t. 1er, p. 48.

(2) M. Fleury, *le Départem. de l'Aisne en 1814*, 2e édit., p. 518

d'avis. Quant à l'insistance des parlementaires et à
leur facilité d'adopter les propositions des assiégés ,
n'étaient-elles pas naturelles ? N'est-ce pas toujours
ainsi qu'ils agissent ? En adoptant les conditions, d'ailleurs très-acceptables, du général Moreau qui ne voulait rendre la ville qu'à quatre heures du soir , leur
empressement d'en prendre possession ne paraissait pas
bien grande. Ils auraient pu en demander la remise
immédiate : ce qu'ils n'auraient sans doute pas manqué
de faire, s'ils eussent connu au juste la faiblesse numérique de la garnison. (1) « La commission d'enquête
examina ensuite cette question subsidiaire qui résultait
des événements : à supposer que le général Moreau eût
su que l'Empereur était à six lieues de Soissons et que
de la conservation de ce point dépendait le salut de
l'ennemi, aurait-il dû et pu prolonger sa défense jusqu'à
cinq heures du soir ? La réponse fut que la défense était
possible jusqu'à quatre heures au moins et peut-être
même plus tard. »

Si cette défense désespérée n'était possible que jusqu'à quatre heures du soir (car les mots : *peut-être
même plus tard* n'expriment qu'un doute bien incertain); quel avantage pouvait-elle avoir sur une capitulation qui ne livrait le passage par la ville qu'à cette
même heure ? Aucun. Cette possibilité de défense
jusqu'à quatre heures du soir n'est elle-même qu'une
hypothèse que la commission d'enquête a pu se poser
le 24 mars 1814 ; mais était-elle alors dans une position
à résoudre ce problême ? Il est permis d'en douter.

Le 2 mars, pour dissimuler leur trop petit nombre à
l'ennemi qui, du reste, avait concentré sa principale
attaque sur la porte St-Martin, point le mieux fortifié,

---

(1) M. Fleury, *le Départem. de l'Aisne en 1814*, 2ᵉ édit., p. 520.
— *Archives du ministère de la guerre.*

les assiégés avaient pu lui en imposer (1) à l'aide de
patrouilles volantes chargées, en marchant, de tirailler
sur tout le périmètre de la place ; mais le 3, alors que
toutes les plaines d'alentour étaient littéralement cou-
vertes d'ennemis, dix minutes auraient suffi pour
découvrir et déjouer ce stratagème de guerre. Le 3 au
matin ce n'était plus un millier de fantassins, ni vingt
pièces qui pouvaient défendre la ville ; car la veille
plusieurs pièces furent démontées et 143 soldats mis
hors de combat. Quelles eussent été leurs pertes le 3 ?

Certes le général Moreau avait à sa disposition un
moyen d'empêcher les ennemis de pénétrer dans la
ville et de s'emparer du pont ; moyen qu'on n'a pas
songé à lui reprocher de n'avoir point exécuté : c'était

(1) J'ai entendu rapporter ce fait quelques jours après la capitulation. Des témoins oculaires racontaient aussi qu'en arrivant sur
la place d'armes à la tête de son état-major le général Winzintgerode avait demandé au général Moreau où était la garnison, ne la
reconnaissant pas dans le peu de troupes qui s'y trouvaient alors
réunies. — « La voici général, lui répondit Moreau en lui désignant
cette poignée de braves. — Eh bien ! répliqua Winzintgerode, ils
méritent tous la croix d'honneur ! » — MM. Martin et Lacroix ;
(histoire de Soiss. t. 2, append. p. 56) d'après un manuscrit de
M. Fiquet font participer la garde nationale à la défense de la
place conjointement avec la garnison. La garde nationale dont les
armes avaient été brisées le 14 février pouvait-elle, le 2 mars,
prêter son concours à la garnison ? Etait-elle réorganisée ? Par qui
l'aurait-elle été ? MM. Martin et Lacroix se réfutent d'eux-mêmes
p. 61 : « Une foule de citoyens, disent-ils, avaient fui une cité sans
cesse exposée à être mise à feu et à sang.... Le sous préfet était
prisonnier, les autorités municipales avaient quitté la ville, et
Soissons eût été livré à une anarchie complète, si de généreux
citoyens, MM. Letellier, Legris et Lefebvre, ne se fussent saisis du
pouvoir municipal, le 6 mars, sous les baïonnettes russes. » —
La commission municipale provisoire prit, à la date du 10 mars
1814, un arrêté relatif au maintien de l'ordre et de la tranquillité
dans la ville. (Registre des délibérations du conseil municipal de
Soissons, n° 7.)

celui de brûler la ville, comme le firent les Russes à Méry pour arrêter l'armée française ; et de s'ouvrir ensuite, l'épée à la main, un passage à travers les ennemis. Eh bien ! ce moyen suprême et désespéré n'aurait pas empêché l'armée de Silésie, ni le corps de Winzintgérode de passer l'Aisne et d'être à Laon avant l'arrivée de Napoléon à Fismes. Dans la journée du 2, outre le pont de Vénizel, les Prussiens de Bulow avaient construit, je l'ai déjà dit, un pont de chevalets en amont de la ville, entre Saint-Médard et le faubourg Saint-Crépin ; de plus, l'armée de Blucher traînait avec elle un équipage de pont : circonstance que Bulow et Winzintgerode ignoraient peut-être ; ce qui était pour eux une raison de plus de s'emparer au plus vite de Soissons ; ou plutôt le pont de Saint-Médard fut construit en attendant l'équipage qu'on pouvait d'ailleurs installer en un autre endroit de la rivière dans le cas où la ville ne tomberait pas au pouvoir des Alliés. Par la capitulation du 3 mars, la possession du pont de Soissons et des bateaux réunis dans le port, au moyen desquels un pont fut construit à l'entrée du Mail, rendit inutile l'équipage de pont de Blucher et lui facilita, il est vrai, un passage plus prompt de l'Aisne ; mais ne le sauva pas, comme on l'a dit, d'un prétendu coupe-gorge ; puisqu'avant le 4, il pouvait, sans le secours du pont de Soissons, disposer des trois ponts, de Vénizel, de Saint-Médard et de son équipage qu'il aurait pu facilement installer au bac de Pasly.

Il est très-vraisemblable que si le 3, au matin, la capitulation n'eût pas été signée, ni la ville prise d'assaut dans la matinée ; et qu'au bruit de la canonnade qui, vers midi, se fit entendre de Neuilly-Saint-Front, les assiégés se fussent défendus en désespérés ; de leur côté les assiégeants se fussent rués sur eux avec non moins de fureur et qu'avant quatre heures du soir, la ville eût été enlevée de vive force.

(1) « Un officier du génie, le lieutenant-colonel Saint-Hillier », dit M. Thiers, « fit sentir le devoir et la possibilité de la résistance, au moins pendant vingt-quatre heures. » Cette possibilité de résistance, on vient de le voir, ne doit être considérée que comme une éventualité. En l'admettant comme vraie, ce ne serait donc que de quelques heures de la nuit seulement que la capitulation du général Moreau aurait devancé la chûte de Soissons ; car d'après les termes de la convention signée à 9 heures du matin, ce n'est qu'à quatre heures de l'après-midi que l'armée ennemie devait prendre possession de la ville ; et si cette capitulation n'avait pas eu lieu le 3, elle eût été inévitable le 4 avant midi. Maîtresse alors de Soissons, l'armée ennemie passait encore sur la rive droite de l'Aisne avant l'arrivée de Napoléon à Fismes et avant que les maréchaux Marmont et Mortier, qui suivaient l'arrière-garde de Blucher à une journée de distance, eussent pu s'avancer sur les hauteurs qui dominent la ville au sud et au sud-ouest. Cela est tellement vrai que ce n'est que le 4 à midi, en arrivant à Hartennes, à 14 kilomètres de Soissons, que Marmont et Mortier apprirent cette capitulation à laquelle ils ne s'attendaient pas. Ils s'arrêtèrent et attendirent de nouveaux ordres de l'Empereur. Si la ville ne se fût pas rendue et que les maréchaux eussent continué leur marche, il est plus que probable qu'ils n'auraient pu ce jour-là, franchir la vallée de la Crise et la gorge du Rû Gaillot, ni débusquer l'ennemi des hauteurs de Noyant et de Septmonts d'un côté ; de Berzy-le-Sec et de Courmelles de l'autre, ni franchir le défilé de Vignolles : dans tous les cas l'après-midi du 4 ne leur eût pas suffi pour cela ; c'est tout au plus s'ils eussent pu prendre leurs positions sur les hauteurs de

---

(1) M. Thiers ; *Hist. du Consul. et de l'Emp.*, t. 17, p. 447.

Buzancy et de Villemontoir. Ils auraient donc employé
la journée du 5 à s'emparer des hauteurs qui dominent
Soissons de ce côté. Or, il était impossible à la ville,
avec sa trop faible garnison, de soutenir un siège de
quatre jours ; M. Thiers, le reconnait lui-même (1). Que
serait-ce donc si les maréchaux Mortier et Marmont
n'eussent connu la reddition de Soissons que le 4 au
soir comme le dit M. Thiers (2) ; c'est-à-dire s'ils eussent eu une demi-journée de retard ?

Sous le point de vue militaire, il est incontestable que
le général Moreau a commis une grande faute en n'exécutant point les ordres si pressants du ministre de la
guerre de miner le pont et de détruire les maisons des
faubourgs qui gênaient la défense : ce n'est point à
nous, Soissonnais, de nous en plaindre ; mais dire avec
M. Thiers : « dans la situation où l'on se trouvait
« essuyer l'assaut, y succomber, y périr jusqu'au der-
« nier homme était un devoir sacré » ; ne serait-ce pas
tenir un langage aussi odieux que barbare ? Car encore
une fois la situation n'était pas, en réalité, ce qu'elle
paraît être aux yeux de M. Thiers. Si les espérances de
Napoléon ne furent pas réalisées ; si par leur accomplissement « les destins de la France devaient être changés » ; s'il est vrai que par cet accomplissement « la
« France aurait conservé ses frontières naturelles » ; ce
n'est pas à la capitulation, seule, du général Moreau
qu'il faut s'en prendre ; d'autres doivent au moins en
partager avec lui la responsabilité : ne serait-ce que le
ministre de la guerre pour le choix qu'il fit de cet officier et pour l'abandon complet où il fut laissé. Personne
ne conteste l'insuffisance de la garnison de Soissons
au 2 mars 1814 ; M. Thiers lui-même la reconnaît ; les

(1) M. Thiers ; *Hist. du Consulat et de l'Emp.*, t. 17, p. 446.
(2) *Idem*, t. 17, p. 450, note.

faits et des documents nombreux le prouvent :

(1) « Le 19 février, dans la nuit », dit M. Fleury, « le duc de Trévise précédé d'un détachement des gardes d'honneur entra dans Soissons, annonçant qu'il avait reçu de l'Empereur l'ordre de mettre la place en état de défense sérieuse et de la pourvoir d'une bonne garnison..... En sortant de la ville le duc de Trévise y laissait une compagnie d'artillerie à pied composée de cent hommes, de cent canonniers garde-côtes, un bataillon de Polonais du régiment de la Vistule fort de huit cents hommes et cent cinquante cavaliers de la division du général Colbert. Ce n'était là que le noyau de l'importante garnison que la place devait recevoir, d'après les injonctions du ministre de la guerre.... En effet on comptait à Paris que le duc de Trévise avait dû laisser à Soissons, outre le bataillon de la Vistule, trois cents hommes de la vieille garde, et que la garnison se renforcerait des deux cohortes de la légion de l'Aisne.... Mais déjà ces cohortes étaient parties pour Paris où elles allaient être armées pour servir d'escorte aux convois d'artillerie que l'on se préparait à expédier dans la direction de Meaux. Le ministre de la guerre désigne, pour remplacer les deux cohortes de l'Aisne, deux bataillons de la garde nationale mobile de Paris qui partiraient le 24 février, en attendant l'envoi des deux autres bataillons aussitôt qu'ils seraient prêts.... Pour grossir encore cette force militaire, ordre itératif fut envoyé au Havre d'avoir à faire partir sur l'heure et en poste ces deux cent quatre-vingts hommes qu'on avait si souvent promis à Rusca pendant le mois qui avait précédé le premier siège de Soissons. Le ministre avant d'envoyer un officier du génie dans cette ville voulut

---

(1) M. Fleury; *le Départ. de l'Aisne en* 1814, 2ᵉ édit. p. 179, 180, 181.

avoir l'avis du général Berruyer » (qui avait défendu Soissons le 14 février) « sur le véritable état d'une place qu'il devait bien connaître et sur l'ensemble des travaux à y entreprendre. Berruyer ne cacha point qu'il croyait peu à la possibilité de mettre Soissons en état même passable de défense. Tout ou à peu près tout y était à faire et à défaire.... (1) Le général Berruyer signalait encore l'absence dans Soissons de tout établissement pour loger les troupes, de magasins et même d'approvisionnements et de vivres. La place pouvant être facilement tournée par tous les points et par conséquent bloquée très-sévèrement, elle ne pourrait nourrir la garnison, si elle tenait plus de vingt-quatre heures. Ce n'était pas dans le pays qu'il fallait songer à s'approvisionner ; les réquisitions lui avaient enlevé tout ce qu'il possédait de vivres et de fourrages.... Les ordres correspondant exactement aux recommandations de Berruyer, seront aussi positifs que possible.... Constatons encore que, cette fois, comme au commencement de février, l'attention de l'Empereur, du gouvernement, du ministère, reste fixée sur Soissons que de nouveaux pressentiments font regarder comme le point capital de toute une situation. Du quartier-général aux Tuileries, des Tuileries à l'hôtel du ministère de la guerre, de la rue Saint-Dominique à Soissons, c'est un échange rapide de lettres, d'injonctions, de notes qui se succèdent sans interruption. « Il faut, » écrit l'Empereur à Joseph, le 21 février et de Nogent-sur-Seine, « il faut que le ministre de la guerre écrive dans Soissons qu'on y forme la garde nationale et que cette ville soit mise en état de défense (mém. du roi Joseph). » Le roi s'adresse immédiatement au ministre de la guerre en ces termes :

(1) M. Fleury ; *le Départem. de l'Aisne en* 1814 ; 2ᵉ édit. p. 182 et 183.

10.

« M. le duc, l'Empereur prescrit que la ville de Soissons soit mise dans le meilleur état de défense possible. J'écris au ministre de l'intérieur pour qu'il y fasse former la garde nationale. Je vous prie d'ordonner en ce qui vous concerne, tout ce qui pourra concourir à ce but. » (Mémoires du roi Joseph.) »

(1) « Le 22, vingt pièces de canon partent de Paris pour Soissons, munies seulement de leurs approvisionnements de coffret; mais les munitions vont suivre. Cette artillerie arrive le 23, et aussitôt on la distribue sur le rempart, que les canonniers percent de nombreuses embrasures... Les deux bataillons de la garde mobile de la Seine qu'on destine à Soissons, s'organisent, s'arment et s'équipent à la caserne de Babylone; le ministre se plaint qu'on n'avance point. L'Empereur les réclame pour l'armée; le roi Joseph prend sur lui de maintenir leur destination pour Soissons.... Ce n'est pas tout : le duc de Feltre, qui ne peut par lui-même et de ses yeux se rendre un compte exact de la situation des choses à Soissons, y renvoie son aide-de-camp, le colonel Muller, qui devra tout voir, tout étudier.... Le rapport du colonel Muller se termine ainsi : « Il est urgent d'envoyer sans le moindre délai un officier supérieur pour commander Soissons. Un commandant instruit et ferme serait ici en état de rendre d'importants services. (Arch. du ministère de la guerre). »

« Ce fut un général de brigade nommé Moreau qui fut choisi pour garder un poste et remplir une mission que le colonel Muller signalait et dont chacun comprenait la haute importance...

« En l'envoyant à Soissons, le ministre ne voulut rien négliger pour lui faire comprendre ce qu'on atten-

(1) M. Fleury ; le départ. de l'Aisne en 1814; 2ᵉ édit. p. 183, 184 et 185.

dait de lui. Il rédigea une instruction très-détaillée sur tous les points dont il allait avoir à s'occuper.... Le duc de Feltre annonce d'abord au général Moreau qu'il lui destine, pour renforcer la garnison de Soissons, une brigade de garde nationale de deux mille cinq cents hommes bien armés, venant, sous les ordres du colonel Chabert, d'Orléans où ils ont combattu et repoussé une colonne autrichienne qui se présentait devant cette ville. C'est donc un corps qui peut rendre de grands services, puisqu'il a déjà vu le feu. Malheureusement, le ministre vient d'apprendre que ce puissant renfort n'a pu se mettre en route que le 26 février, parcequ'il lui manquait quelques parties de son équipement, et qu'il n'arrivera dans Soissons que le 5 mars. Mais l'Empereur appellera à lui ces milices et les fondra dans sa jeune garde, ce dont le ministre se plaindra plus tard fort amèrement. Le duc de Feltre poursuit en ces termes : « Mais en attendant l'arrivée de ce renfort, je vous recommande, général, de redoubler de vigilance et d'activité pour être constamment en mesure de repousser l'ennemi, s'il venait de nouveau à se présenter devant la ville de Soissons. Vous connaissez l'importance que l'Empereur attache à la défense de cette place... » Après lui avoir ordonné de détruire les auberges et les maisons qui peuvent gêner la défense de la ville, de miner le pont et que des bois soient coupés partout pour former le plus promptement possible des palissades, il l'invite à s'entendre avec le commandant du génie à Soissons, afin d'agir de concert pour remplir à cet égard les intentions de Sa Majesté ; puis il termine ainsi : « Vous voudrez bien m'adresser chaque jour un rapport de vos opérations et sur vos moyens de défense, ainsi que sur la situation de la garnison. Je vous prie de m'accuser réception de cette lettre et de m'informer de vos dispositions pour assurer le service dans toutes ses parties. (Archiv. du ministère de la guerre). » C'est à la réponse à cette lettre que le ministre de la guerre fait allusion dans la lettre qu'il écrivit à l'Empereur, le 4 mars, comme on l'a vu plus haut.

(1) « Le colonel Muller, en mission à Soissons, écrivait, le 23 février, au ministre de la guerre, pour se plaindre très-vivement du duc de Trévise, « qui n'a agi que très-mollement », dit-il, et s'était contenté de jeter quelques hommes dans Soissons, et en avant de cette ville à Crouy sur la route de Laon, et à Billy sur celle de Reims. Aussi, depuis Berry-au-Bac, toute la rivière appartient-elle à l'ennemi ; les Russes lèvent sur ces villages des réquisitions ruineuses. Ils ont jeté des bacs sur l'Aisne et sur la Vesle dont ils ravagent les deux rives. Il faudrait faire sauter le pont de Braine et celui de Quincampoix, détruire le bac de Vailly. »

(2) « Le 27 février, un premier détachement de la garde nationale mobile de Paris reçut l'ordre de partir pour Soissons... Le 1er mars, il entrait dans Dammartin... »

(3) « Le 2 encore, par un pressentiment étrange, le ministre de la guerre s'occupait de Soissons dans une lettre qu'il adressait à Marmont. Il lui disait que c'était avec la plus grande peine qu'il avait vu Blucher se retirer par la route de La Ferté-Milon. « J'ai des craintes pour Soissons», continuait le ministre; «quoique munie de quelque artillerie, cette place n'a pas encore reçu toute la garnison dont elle a besoin » ... Mais le ministre espérait, espoir bientôt perdu, que l'ennemi ne connaîtrait pas la vraie force de Soissons et, se sen-

---

(1) M. Fleury; *le Départem. de l'Aisne en* 1814, 2ᵉ édit. p. 192.
(2) *Idem*, 2ᵉ édit., p. 233 et 234.
(3) *Idem.*, p. 206.

tant talonné par le maréchal Marmont, pourrait peut-être se retirer sur Oulchy par Ancienville et de là sur Reims par Fère-en-Tardenois. »

(1) « Le 3 mars au matin, les gardes nationaux de Paris quittèrent Villers-Cotterêts et entrèrent dans la forêt où bientôt ils trouvèrent la route barrée par quelques cavaliers... Toujours tiraillant et faisant bonne contenance, les jeunes soldats allaient atteindre les pre-mières pentes de la montagne vers Soissons, lorsqu'ils furent attaqués par une nuée de cavaliers au milieu desquels ils se formèrent en carré, décidés à combattre jusqu'à la mort... La petite troupe en marche se trouvait au milieu d'une armée tout entière..... Il n'y avait plus qu'à se rendre; d'ailleurs les munitions allaient faire défaut. Les gardes parisiens posèrent les armes et furent emmenés jusqu'auprès de Soissons. »

_ Ces détails suffiraient, seuls, pour démontrer que si quelqu'un fut placé dans un vrai coupe-gorge, c'est assurément le général Moreau ainsi abandonné avec un millier d'hommes et 20 pièces d'artillerie dans une place que tout le monde, moins les Soissonnais et leurs défenseurs qui ignoraient ce qui se passait autour d'eux, s'accordait à regarder comme très-importante en raison des mouvements stratégiques qui s'exécutaient à l'en-tour; mais qui, selon le témoignage du général Ber-ruyer, lequel l'avait déjà défendue sans succès, « ne pouvait être mise en état même passable de défense. » Or, puisque le ministre de la guerre connaissait cette situation si critique, à lui revient, en premier lieu, la plus grande part de responsabilité, tant sur le choix qu'il fit de ce commandant, que sur l'abandon impar-donnable où celui-ci fut laissé. Exiger qu'un millier d'hommes, avec vingt pièces de canon disséminées sur

(1) M. Fleury; *le Départem. de l'Aisne en* 1814; 2ᵉ édit. p. 234.

un immense périmètre de remparts en mauvais état, se défendissent jusqu'à la mort contre quatre-vingts mille hommes et cent pièces de canon, et se fissent égorgés jusqu'au dernier, laissant ainsi à la merci du vainqueur la population inoffensive d'une ville de sept à huit mille âmes, c'eût été de la barbarie, de la cruauté ou... de la folie !

La capitulation du général Moreau, sans être la cause unique du salut de l'armée de Silésie que lui reproche M. Thiers, a eu pour résultat matériel et immédiat d'épargner à la ville de Soissons les horreurs d'un sac ; de sauver sa garnison avec dix canons et quelques caissons et d'arrêter toute une journée l'armée ennemie ; ce qui donna à Napoléon, qui n'arrivait à Château-Thierry que le 3, dans la journée, le temps de parvenir à Fismes le 4 au soir, trop tard il est vrai, pour arriver à Laon avant Blucher, mais par des circonstances indépendantes du général Moreau à qui l'on avait eu l'incontestable tort de ne pas laisser des forces suffisantes pour défendre efficacement la place qui lui était confiée. Cette capitulation de Moreau n'empêcha pas, à la vérité, la ville d'être mise au pillage, mais serait-il juste de faire remonter jusqu'à ce général la responsabilité de ces excès odieux qui furent surtout provoqués par l'attaque intempestive et infructueuse des ducs de Raguse et de Trévise ? Quelque désastreux que furent ces désordres, ils eussent été bien plus affreux si la ville avait été prise d'assaut. Les habitants furent pillés ; des femmes eurent à subir les outrages d'une soldatesque sauvage ; mais on n'eut pas, comme le 14 février, où plusieurs habitants furent tués et un plus grand nombre emmenés prisonniers et périrent la plupart de misère, ou par suite des coups et des mauvais traitements dont on les accabla ; on n'eut pas, dis-je, à déplorer une perte semblable et qui aurait été, sans nul doute, bien plus affreuse encore, si la ville avait été prise d'assaut une seconde fois.

Un autre événement atteste qu'il ne faut pas tout-à-fait prendre à la lettre l'opinion du général Berruyer sur l'impossibilité où l'on se trouvait alors de mettre Soissons dans'un état même passable de défense, ni de nourrir la garnison plus de vingt-quatre heures en cas de blocus ; qu'on est en droit, au contraire, de soutenir que cette ville aurait pu être mieux défendue le 3 mars, si elle eût été pourvue d'une garnison suffisante ayant à sa tête un commandant plus ferme et plus expérimenté : je veux parler du dernier siège que Soissons a subi du 20 au 31 mars 1814, et de sa glorieuse défense. M. Thiers a tout-à-fait passé sous silence cette héroïque défense de Soissons, (la preuve matérielle la plus convaincante de la coupable incurie de ceux qui, pendant les mois de janvier et de février 1814, ont été chargés de mettre cette place en état de défense et de la pourvoir d'une garnison suffisante ; responsabilité qui pèse sur d'autres que sur le général Moreau et sur les Soissonnais). Après la capitulation du 3 mars, cette malheureuse ville aurait-elle perdu à ses yeux cette grande importance qu'il lui accordait auparavant en l'appelant « *la clef de l'Aisne* » ? Ce silence ne pourrait-il faire soupçonner que, pour lui, Soissons ne jouait plus ce rôle important ? Voici les derniers passages que M. Thiers consacre à Soissons dans son récit de 1814 :

(1) « Le 12 mars, dans la nuit, Napoléon après avoir « fait mettre à Soissons trente bouches à feu en batte- « rie, derrière des sacs à terre et des tonneaux, après « avoir détruit tous les obstacles qui nuisaient à la dé= » fense, après avoir laissé pour garnison quelques

(1) M. Thiers ; *Hist. du Consulat et de l'Emp.*, t. 17, p. 487.

« fragments de bataillons et un bon commandant, partit
« pour Reims avec la demi-satisfaction que devait lui
« inspirer le succès vers lequel il marchait...

(1) « Il avait laissé le général Charpentier à Soissons
« avec quelques débris suffisants pour défendre la
« place...

(2) « Napoléon en quittant Reims » (le 17 mars au
matin) « avait laissé le général Mortier à Reims même
« pour y servir d'appui au maréchal Marmont qui dé-
« fendait le pont de l'Aisne à Berry-au-Bac, tandis que
« le général Charpentier avec quelques débris défen-
« dait à Soissons le deuxième pont de l'Aisne...

(3) « Blucher » (26 mars) « en se portant sur Châlons
« pour s'y joindre à l'armée de Bohême, avait laissé
« Bulow devant Soissons, et lancé Kleist et d'York sur
« les traces des maréchaux.... (4) De son côté, le gé-
« néral Compans » (28 mars) « recueillant sur son
« chemin les troupes en retraite, celles du général
« Vincent qui avaient occupé Soissons, et qui reve-
« naient les unes et les autres poussées par les masses
« de la coalition..... (5) Blucher, avec les corps de
« Kleist et d'York confondus en un seul, avec le corps
« de Woronzow (précédemment Wintzingerode) avec
« celui de Langeron, comprenant 90,000 hommes à eux
« quatre, dut se porter plus à droite et gagner la route
« de Soissons, pour s'acheminer par Le Bourget sur
« Saint-Denis et Montmartre. On avait confié au corps
« de Bulow le soin de s'emparer de Soissons. »

Tels sont les derniers passages de l'*Histoire du Consulat
et de l'Empire* où son auteur s'occupe de notre ville qui,

(1) M. Thiers ; *Hist. du Consul. et de l'Emp.*, t. 17, p. 513.
(2) *Idem*, p. 557.
(3) *Idem* ; p. 568.
(4) *Idem* ; p. 570.
(5) *Idem* ; p. 571.

cependant, n'a pas changé d'importance aux yeux de
Napoléon, puisqu'avant de la quitter l'Empereur, après
avoir parcouru en personne ses remparts et ordonné
quelques travaux, a pourvu lui-même à sa défense.

En janvier et février 1814, Napoléon il est vrai avait
ordonné à plusieurs reprises que Soissons fût mis en
état de défense ; mais il n'y avait pas mis un soin extrême ; c'était au ministre de la guerre de le faire : on
a vu comment ces ordres avaient été exécutés. Il n'en
fut pas de même après la capitulation du 3 mars.

De Fismes, le 5 mars au matin, Napoléon (1) faisait
écrire à Marmont, dont il ne connaissait point les opérations contre Soissons qu'il eût à se porter sur cette
ville si l'ennemi l'avait évacuée, et il le ferait appuyer
par le duc de Padoue, mais qu'au contraire il eût à
revenir sur Braine si Soissons lui fermait ses portes...
Cette lettre trouva le duc de Raguse encore à Villeneuve
où il occupait le château du général Dulauloy, mais qui
préparait son départ...

(2) « Le 6 mars, de son quartier-général de Berry-
au-Bac, l'Empereur croit que les alliés ou ont déjà
évacué Soissons, ou en seront chassés par les ducs de
Raguse et de Trévise qui ont reçu l'ordre de rester une
journée devant la ville. Il la suppose par conséquent
libre ou prise. Il a donc, de son quartier-général de
Berry-au-Bac, donné des ordres pour que Soissons soit
fortement occupé et ravitaillé. Il regarde toujours, et
surtout dans les circonstances présentes, Soissons
comme la clé de toute une situation, comme un point
stratégique nécessaire à un ennemi qui veut marcher
sur Paris... L'Empereur veut encore qu'aussitôt que
Soissons sera dégagé, on y renvoie la garnison qui a

(1) M. Fleury. *le Départ. de l'Aisne en 1814* ; 2ᵉ édit., p. 265.
(2) *Idem* ; p. 424 et 425.

capitulé sous Moreau le 3 mars et qui s'est réfugiée à Compiègne ; qu'on porte l'armement des remparts à vingt pièces ; et qu'on y place comme commandant et sous-préfet des hommes sur lesquels il puisse enfin compter...» (1) « Dès que l'Empereur eut appris l'évacuation de Soissons, il donna des ordres pour qu'on occupât cette ville. »

(2) « Le 8 mars, à quelque distance du quartier-général de l'Ange-Gardien, et d'après les ordres de l'Empereur, le général Colbert faisait partir de Vailly un fort détachement du 13e chasseurs qui entra dans Soissons vers dix heures du matin par le pont de bateaux que les Russes avaient jeté sur l'Aisne au-dessous de la ville. Les Français accueillis avec des transports de joie, s'emparèrent de quelques canons encloués par l'ennemi et d'un équipage de pont que la promptitude de l'évacuation n'avait pas permis au général Rudzewitch d'emporter avec lui. »

(3) « Immédiatement on prit des mesures pour s'y établir solidement, ainsi que le voulaient les ordres de l'Empereur. On rappela de Compiègne à leur poste le régiment de la Vistule qui rentra dans Soissons, montrant fièrement en tête de ses lignes de marche les vingt valeureux soldats que l'Empereur venait récemment d'annoblir de la croix de la Légion d'honneur, les cent éclaireurs de la garde à cheval et les deux compagnies d'artillerie. Le colonel du génie Prost qui avait, en janvier et février précédents, préparé la défense sous le commandement de Berruyer, fut aussi renvoyé à Soissons avec les ordres les plus impérieux de mettre la ville en état, cette fois, de résister à un coup de main.

---

(1) M. Fleury ; *le Départem de l'Aisne en* 1814, 2e édit. p. 326 et 327.

(2) *Idem* ; p. 331 et 332.

(3) *Idem* ; p. 425 et 426.

On approvisionna la place de vivres pour vingt jours et pour une garnison de deux mille hommes et cent chevaux. Ne se contentant pas de vingt canons, le ministre de la guerre voulut que trente autres pièces, les unes de douze, les autres obusiers de vingt-quatre, fussent mises à la disposition du commandant de la ville qui ne fut plus choisi parmi les officiers généraux.

« L'Empereur avait écrit au duc de Feltre d'envoyer à Soissons comme commandant « un jeune officier supérieur, du grade de colonel ou même de chef de bataillon, qui eût sa fortune militaire à faire, et que ce choix fût aussi bon que possible en raison de la haute importance du poste. » Le ministre désigna un simple chef de bataillon, le commandant Gérard, du 32e de ligne, officier de la Légion d'honneur, « jeune homme actif, intelligent et dévoué, » écrit le duc de Feltre à Hullin, dans une lettre du 9 mars (1). Avant de partir de Paris, le commandant Gérard avait reçu les mêmes instructions que ses prédécesseurs (2).... L'Empereur lui-même voulut pourvoir à la vacance de la sous-préfecture de Soissons dont le titulaire, M. Devismes, était toujours prisonnier des alliés. Il choisit un jeune auditeur au conseil d'Etat nommé Harel... Harel et Gérard partirent de Paris en poste le 10 mars au matin et arrivèrent à Soissons un peu avant midi. »

(3) « L'Empereur fit lui-même son entrée dans Soissons, le 11, vers quatre heures de l'après-midi. Après quelques instants de repos, l'Empereur voulut

(1) Arch. du minist. de la guerre.

(2) Voir la lettre du duc de Feltre au commandant Gérard aux *Arch. du minist. de la guerre.* — M. Fleury, *le Départem. de l'Aisne en* 181 , 2e édit., p. 427.

(3) M. Fleury; *Le Départem. de l'Aisne en* 1814, 2e édit. p. 431 et 432.

visiter la ville et les fortifications sur lesquelles il avait fondé tant d'espérances, espérances deux fois trompées. L'Empereur s'était fait accompagner par le commandant Gérard..... Sur les ordres de l'Empereur, Gérard indiqua les emplacements où il croyait que devaient tout d'abord se porter les efforts des ingénieurs. L'Empereur prescrivit lui-même aussi quelques nouveaux travaux à construire.

« Napoléon passa sa garde en revue le lendemain ; puis il reçut une députation de cette commission municipale qui s'était improvisée et avait pris en main au milieu du danger, les affaires de la ville abandonnée par son maire et ses adjoints... L'Empereur fit à cette commission l'accueil honorable et bienveillant qu'elle avait si bien mérité par son courage et son dévouement...« Vous êtes, » dit l'Empereur, «les membres du conseil municipal..... Je suis content des habitants de Soissons.. Vous avez beaucoup souffert. . Je ne reconnais plus votre ville. Je plains vos malheurs ; mais rassurez-vous..... Je vais pourvoir à votre défense et l'ennemi ne mettra plus les pieds chez vous... » Napoléon tint sa promesse et sa prédiction fut accomplie. Que ne vînt-il à Soissons deux mois plutôt !

(1) « L'Empereur donna ensuite audience au commandant Gérard avec lequel il s'entretint longtemps... Gérard demandait une somme de trois à quatre mille francs qu'il pourrait à propos et à sa guise employer en encouragements, une garnison de trois mille hommes, trente bouches à feu, trois compagnies d'artillerie, et répondait de garder la ville. L'Empereur lui promit qu'il aurait bientôt tout ce dont il aurait besoin..... Les intentions de l'Empereur furent immédiatement communiquées au roi Joseph et au ministre de la guerre.....

(1) M. Fleury; le Départ. de l'Aisne en 1814; 2ᵉ édit. p. 433 et 434.

Cette fois aucun instant ne se perd ; aucun envoi de troupes ne se retarde ; aucun détachement en marche ne s'égare. Le général Neigre, avant de suivre le mouvement de l'armée, laisse à Gérard dix pièces de rempart. Vingt-trois autres partent de Vincennes et arrivent à leur heure. Sur sept voitures de munitions que le ministre de la guerre a fait partir de Paris, six parviennent en temps utile à Soissons ; un caisson de poudre et de boulets a sauté en route avant d'entrer dans Villers-Cotterêts.

« L'Empereur assiste en personne à l'exécution de ses ordres. Mille soixante hommes du dépôt de la garde, casernés à Versailles, ont couché le 10 à Paris et entrent le 12 dans Soissons. Le ministre de la guerre écrit que le 4e bataillon du 70e de ligne, fort de 400 hommes, vient de partir le 12 de Paris et sera le 14 à destination, ainsi qu'une des quatre compagnies polonaises d'artillerie à pied, forte de cent vingt canonniers, amenant une batterie de six pièces. Trente-trois soldats du génie et la compagnie des sapeurs polonais, forte de cinquante-neuf hommes, sont aussi en route pour Soissons. Mais ce ne fut pas sans une peine extrême que le commandant Gérard vit partir avec le maréchal Ney ses deux bataillons de Polonais du régiment de la Vistule dont le major-général augmentait l'armée d'activité (Archiv. du minist. de la guerre). La ville entière de Soissons, qui se souvenait de l'héroïque conduite de ces braves gens, s'associa à ces regrets dans des manifestations dignes de la cité et de ses nobles défenseurs... »

(1) « Le 13, l'Empereur, précédé de sa garde, quitta Soissons vers six heures du matin, laissant au duc de Trévise le soin de couvrir l'Aisne avec sa division. »

(1) M. Fleury ; *le Départem. de l'Aisne en* 1814 ; 2e édit. p. 139.

Ces quelques pages que j'emprunte à l'histoire : *Le Département de l'Aisne en 1814,* parceque je sais que son auteur, M. Ed. Fleury, est un écrivain cherchant à faire connaître la vérité qu'il a, du reste, puisée aux bonnes sources ; font voir combien Napoléon, même après le 2 mars, attachait d'importance à ce que Soissons fût bien fortifié et pourvu d'une garnison suffisante pour une défense efficace.

Le soin que l'Empereur mit à visiter les remparts de Soissons, les encouragements, les consolations et les promesses qu'il donna aux habitants, les vingt décorations décernées aux braves Polonais qui ont si bien défendu Soissons le 2 mars et celles accordées au président de la commission administrative, M. Letelllier-Capitain, et à deux autres membres, MM. Morel, avocat, et Letellier-Laurendeau, propriétaire ; tous ces faits ne méritaient-ils pas que M. Thiers leur sacrifiât quelques lignes, ainsi qu'au siège que Soissons soutint du 20 au 31 mars 1814, sous le commandement du chef de bataillon Gérard ? Mais l'historien du *Consulat et de l'Empire,* à l'égard de ces faits importants, se borne à dire que Napoléon partit de Soissons « après y avoir « fait mettre 30 bouches à feu en batterie derrière des « sacs à terre et des tonneaux, y avoir laissé quelques « débris suffisants et après avoir détruit les obstacles « qui gênaient la défense. » Napoléon ne resta à Soissons que trente-six heures : de quatre heures du soir (le 11), à six heures du matin (le 13). Or, malgré toute son énergie, le commandant Gérard ne parvint à détruire les maisons du faubourg Saint-Martin les plus rapprochées du fossé que dans une sortie exécutée le 23; et celles du faubourg Saint-Christophe dans une autre exécutée le 28. L'auberge du *Point du Jour* à la porte Crouy ne fut même incendiée qu'après la fin du siège qui cessa le 31 mars, la veille de la reddition de Paris, dont la nouvelle n'arriva à Soissons que quinze jours après.

Je n'ai rien à dire ici sur ce siège de Soissons du 20 au 31 mars qui fut, pour me servir des expressions de M. Fleury, (au récit duquel et à celui de M. Letellier : *Soissons en 1814,* publié en 1850, je renvoie le lecteur), (1) « une des plus belles pages de notre histoire départementale. »

En racontant la fin de la longue résistance opposée par les armées françaises, voici comment M. Thiers s'exprime : (2) « Tandis que dans les régions les plus « éloignées nos armées défendaient encore l'Empire « dont elles ignoraient la chûte, sur nos frontières, et « aux portes mêmes de Paris de braves gens combat- « taient pour le pays jusqu'au dernier moment. Le « comte Marmier, quoiqu'il n'eût jamais servi, avait « formé et équipé à ses frais une légion de gardes na- « tionaux mobiles, s'était établi dans Huningue, et « avait héroïquement défendu la place pendant cinq « mois entiers. De son côté, le brave général Daumes- « nil, si célèbre sous le nom de la *Jambe de bois,* s'était « enfermé dans Vincennes, résolu de soustraire à « l'ennemi l'immense matériel qui s'y trouvait. Menacé « des rigueurs de la guerre s'il n'ouvrait pas ses portes, « il avait répondu par la menace de se faire sauter si « on insistait et on n'avait pas osé (3) l'attaquer. Comme « tous les autres, il ne s'était rendu qu'à l'évidence de « la révolution opérée à Paris, et au gouvernement « régulier qui en était sorti. Ainsi avait fini depuis

(1) M. Fleury, *le Départem. de l'Aisne en* 1814, 2ᵉ édit., p. 477.

(2) M. Thiers, *Hist. du Consul. et de l'Emp.*, t. 18, p. 29.

(3) Puisqu'on ne l'avait pas attaqué il ne combattit pas, sinon par paroles. Il n'en fut pas de même des défenseurs de Soissons sous le commandement de Gérard. Voici une attestation de celui-ci

« Anvers jusqu'à Hambourg, depuis Hambourg jus-
« qu'à Milan, depuis Milan jusqu'à Toulouse, depuis
« Toulouse jusqu'à Vincennes, la résistance obstinée
« que nos soldats, dispersés en cent lieux, n'avaient
« cessé d'opposer à l'Europe coalisée. Dès lors, le nou-
« veau gouvernement, débarrassé de la présence de
« Napoléon, l'était aussi de la résistance de ses lieute-
« nants, tous disposés maintenant à reconnaître les
« Bourbons. »

Pour complément à ce récit, je me contenterai de
rapporter le texte de l'armistice conclu le 15 avril 1814
entre le commandant prussien des troupes du blocus et
le commandant de place Gérard.

(1) « En conséquence de l'armistice conclu entre les
armées françaises et alliées, en date du 8 de ce mois,
et dont connaissance nous a été donnée par la lettre de
S. A. S. le prince major-général en date du 13 du courant, il a été conclu entre Son Excellence le lieutenant-
général de Berstell, commandant la cinquième division
de l'armée du Nord, pour toutes les puissances alliées
d'une part, et monsieur le chef de bataillon Gérard,

donnée à l'un d'eux, natif de Soissons, et conservée dans sa famille :

PLACE DE SOISSONS.   *Soissons, ce 19 avril* 1814.
MISE EN ÉTAT DE SIÈGE.

6e Régiment de Voltigeurs.   « Le chef de bataillon *Gérard*,
3e Bataillon.   officier de la Légion d'honneur,
4e COMPAGNIE.   *Commandant supérieur* de la *Place*
                             et de la *Défense* de la ville de
                             Soissons,
        « Atteste que le nommé *Thonnelier Elie*, voltigeur audit
régiment, s'est toujours bien comporté au siège de Soissons.
        « A reçu une blessure très-cruelle.
                             « Signé GÉRARD. »

(1) M. Fleury ; *le Départem. de l'Aisne en* 1814, 2e édit. p. 513
et 514.

commandant supérieur de la place et de la défense de Soissons, au nom de la garnison d'autre part, un armistice dans les conditions suivantes :

« ART. 1er. — Toute hostilité cesse entre les troupes alliées et celles de la garnison à dater du moment de la signature du présent armistice.

« ART. 2. — Les avant-postes alliés chargés jusqu'ici d'observer la garnison de Soissons se retireront dans la journée à trois lieues au moins de la place.

« ART. 3. — Les troupes alliées fourniront de cinq jours en cinq jours les vivres et fourrages nécessaires à la garnison forte de quatre mille hommes et quatre cents chevaux.

« ART. 4. — Les troupes alliées protègent les communications de la garnison de Soissons tant pour les convois que pour les courriers.

« ART. 5. — La garnison offre à l'armée alliée de lui faire établir, pour la facilité de ses communications de Paris à Laon, un pont sur l'Aisne au-dessous de la ville.

« ART. 6. — Les prisonniers seront remis de part et d'autre et le même jour, sans condition de nombre, de grade et de nation.

« ART. 7. — Les courriers, les équipages de l'armée alliée, et même son artillerie pourront passer par la ville avec une escorte de quatre hommes par voiture, ou des canonniers attachés aux pièces.

« ART. 8. — Dans aucun cas, les troupes escortant les voitures ou l'artillerie de l'armée alliée, qui passeront par la ville, ne pourront s'y arrêter ni y recevoir de vivres, fourrages, ou légumes.

« ART. 9. — Elles ne pourront également séjourner plus de vingt-quatre heures dans le rayon de trois lieues de la ville.

« ART. 10. — Les articles qui peuvent avoir été omis seront rétablis ultérieurement par une convention supplémentaire. »

(1) « Cette condition fut régularisée par une convention conclue le 22 avril. Le général de Berstell voulut donner l'exemple de l'obéissance aux lois que le courage de la garnison de Soissons lui avait imposées ; il défila le premier sur le pont provisoire que le génie de la place avait élevé en dehors des murs de Soissons. Le 22, ses dix mille hommes passèrent la rivière sur ce pont, pendant que son artillerie et ses bagages traversaient la ville pour se servir du grand pont de pierre. Avant de quitter Soissons, le général prussien, obéissant à une bonne pensée de courtoisie qui honore à la fois celui qui la conçut et celui qui en fut l'objet, fit demander pour lui l'autorisation d'entrer dans Soissons. Admis auprès de Gérard sur sa demande, il le complimenta en termes chaleureux sur sa belle défense.

« Pendant cette courte entrevue de deux hommes qui échangeaient, quoique ennemis, le gage et l'expression de leur estime réciproque, les habitants et la garnison de Soissons assistaient avec orgueil, et du haut de leurs remparts, cette fois restés français, au départ de cete armée prussienne que leur persévérance et leur courage avaient tenue à une distance honorable. »

En terminant, je m'abstiens de toute conclusion, et laisse au lecteur le soin d'y suppléer.

Max. LAURENDEAU.

Soissons, ce 15 Novembre 1862.

(1) M. Fleury; *le Départ. de l'Aisne* en 1817, 2ᵉ édit. p. 528.

Soissons. — De l'Imprimerie Ed. GALLART, directeur du Progrès de l'Aisne, rue des Rats, 8.

www.ingramcontent.com/pod-product-compliance
Lightning Source LLC
Chambersburg PA
CBHW072044090426
42733CB00032B/2226